青木伸生の国語授業

フレーム リーディングで 説明文の授業づくり

筑波大学附属小学校
青木伸生 著

明治図書

はじめに

一　フレームリーディングが育てる思考力

(1) 国語科の現状を打破するために

フレームリーディングが生み出された背景は大きく三つあります。

一つは、時間数への対応です。現在の国語科の授業時数は、低学年週九時間、中学年週七時間、高学年週五時間です。教科書を見れば分かるとおり、学年が上がるにつれて教科書に書かれる文字は小さくなり、読まなければならない一つ一つの文章は長くなります。低学年では多少ゆとりをもって言語活動を展開できても、高学年になるとそれだけの時間はありません。低学年と同じような授業の進め方をしていては、授業時数が足りなくなるのは自明のことです。学年の発達段階に応じた、新しい授業スタイルが求められるのは当然のことなのです。

二つ目は、全国学力・学習状況調査などへの対応です。調査では、初見の、ある程度長い文章を短い時間で読み、内容をとらえて問題に答えていかなければなりません。従来のように、授業の中で場面ごと、段落ごとに丁寧に読んでいたのでは、調査問題に対応できるような長文読解力は身につきません。短時間で長い文章を読み、ポイントをとらえる力をつけるような授業が必要です。

三つ目は、読書への接続です。日常の読書生活では、文章を丸ごと読みます。決して場面ごと段落ごとに読もうなどとは考えません。国語科の授業が、日常の言語生活や読書生活に接続しないというのでは、時間をかけて行っている意味がありません。

こうした現状を打破するために、今までとは違った授業スタイルを考えざるを得なくなりました。それがフレームリーディングです。

(2) フレームリーディングが育てる論理的思考力

ところが、フレームリーディングのもっている可能性はもっと奥が深いことが、実践しながら分かってきました。

その一つが、フレームリーディングによる思考力育成という可能性です。

フレームリーディングの手法は、大きくとらえると、次のような思考のプロセスになります。

「俯瞰―分析―統合」「仮説―検証―再構築」「帰納―演繹」

フレームリーディングは、まず第一段階で文章全体を見渡します。説明文では、どこに大事なことが書かれているか、つまり「頭括型」か「尾括型」か「双括型」か、といったような視点で、内容を大きくとらえます。これが**「俯瞰」**です。次に、第二段階で、具体的な事例を読んだり、言葉と言葉、段落と段落とのつながりを見つけたりします。これが**「分析」**です。そして、その分析をもとに、第三段階のフレームリーディングとして、それぞれの段落をつなぎ合わせます。こうして筆者の意図や主張をとらえます。これが**「統合」**です。

別の視点でフレームリーディングをとらえると、第一段階で、この文章の一番大事なところはどこか、**「仮説」**を立てます。それを、第二段階のフレームリーディングで**「検証」**し、自ら立てた「仮説」について確かめます。その上で、第三段階のフレームリーディングで文章全体を**「再構築」**するのです。「仮説」が正しかったとしても、軌道修正が必要だったとしても、より深い次元で、その文章を「再構築」して理解することになります。

同じように、**「帰納」的な思考法**として、具体的な事例をとらえることから読みの行為を始め、各段落の内容をつなぎ合わせることで筆者の結論や主張を導くという流れで読み進める方法があります。反対に、**「演繹」的な思考法**で、大事なところ、筆者が一番主張したいところから、それにつながる具体的事例へとつなげていく流れをつくることもできます。

フレームリーディングによって育てることのできる思考法は、教材の特性によって多様性をもちます。柔軟性のある頭をつくるという言い方もできるのかもしれません。

さらに、これからの教育では、教科の本質を大切にしながらも、その教科の枠を越えた汎用性のある資質・能力を育てることが求められています。国語科は、言葉そのものを学びの対象にするため、子どもの資質・能力を育むための基礎となる、重要な教科として位置づけられます。

フレームリーディングを通して、次のような論理的思考力を育むことができるでしょう。

「問い―答え」「具体―抽象」「原因―結果」「比較（対比・類比）」「包含―対立」……

「問い―答え」の関係をとらえるような授業は、従来も行われてきています。しかし、どうしても内容の理解に重点が置かれ、こうした論理的な思考の要素となる力に対する意識が前面には出てきませんでした。これらの思考力の分類・整理が必要となるでしょう。さらに、そうした力を国語科の授業実践の中で、どのように育てるのか、どのような授業をすればよいかが模索されることになります。それに答える一つの手法が、フレームリーディングであると考えています。

二　フレームリーディングのもつ可能性

この後の、各学年の授業実践のページを開いてみてください。一見同じような発問、同じような展開に見えるものもあるかもしれません。また一方で、その教材ならではのアプローチや発問で、文章に切り込んでいると感じるものもあるでしょう。

フレームリーディングには、授業方法の公式はありません。一つの文章に対する読み方は無数にあるとも言えます。大切なことは、子どもが文章に隠されている「論理＝つながり」を掘り起こし、つなぎ合わせるという発想です。その発想を実践に活かすためには、教師の教材研究がもっとも重要になります。フレームリーディングは、教師の柔軟な発想によって、無限の可能性をもっていると思っています。

筑波大学附属小学校　青木　伸生

もくじ

第1章 フレームリーディングでつくる国語の授業

第2章

説明文教材をフレームリーディングで読む

第1章

フレームリーディングでつくる国語の授業

一　説明文を読むことは、謎解きすることである

(1) これからの説明的文章の読みの授業をどのように考えるか

従来の説明文の授業を思い起こしてみましょう。例えば三年生の説明文教材である『すがたをかえる大豆』（光村・平成27年度版）では、「③段落には、どのようなおいしく食べる工夫が書かれていますか」というような発問で、子ども達に文章の内容を読ませていたのではないでしょうか。

この発問がまったくダメということはありませんが、この発問によってできることは、内容の確認だけです。文章を読めば、そこに「工夫」は書かれています。読めば分かることを子どもと確認しても、そこには何の発見も驚きもありません。授業で読むことで、見えなかったものが見えたり、気づかなかったことに気づけたりしたら、子どもは国語を「面白い」と感じるでしょう。

文章は、実に巧みにつながっています。筆者は、読者を説得・納得させるために、さまざまな工夫をしているのです。そのつながりや工夫を読み解くのが授業の醍醐味なのです。読むことは謎解きなのです。子どもも大人も謎解きは大好きなはずです。国語の授業、読むことの授業を「楽しい・面白い」と感じてもらうためには、謎を解いていく授業をすればいいのです。謎を解くためには、「思考」

が働きます。ここが大切なところです。頭を使わなければ謎は解けません。

これからの読みの授業に必要なのは、子どもに創造的・論理的思考をうながす読みの活動です。説明的文章の授業における創造的・論理的思考とは、自分の中で、言葉と言葉、段落と段落をつなぎ、そこに隠されている筆者の意図や説得の論法を見抜いて筆者の主張をとらえることにあります。これこそがまさに謎解きです。その上で、自分自身はその論理に納得がいくかいかないか、賛成できるかできないかを判断して表現するようにします。書かれている内容をなぞって確認するだけの授業では、創造的思考力や論理的思考力を育むことはできません。

授業で大切なことは、そこに書かれているのに気がつけていないことに気づかせ、見えていない筆者の論理が見えるようにしていくことなのです。それが教師の役割です。授業が意図的に仕組まれない限り、子どもの思考力を高めることはできません。

さらに、授業の中で、書かれている文章を構造化してとらえることができるようになることが重要です。構造化のためには、文章全体が見えていなければなりません。文章を丸ごと読む必然性がここにあります。

(2) フレームリーディングの手法で読む

フレームリーディングとは、文章の内容や構造を丸ごととらえる読みの手法です。内容と構造の両面を丸ごととらえると、そこに筆者の主張や意図が見えてきます。説得のための筆者の計算や仕掛けが見えてくる場合さえあるのです。そうしたものが子どもに見えてくるような授業をつくることで、読み手である子どもの創造的思考力や論理的思考力を高めていくことができるのです。さらに、子どもに論理展開のフレームをもたせることができれば、そのフレームを使って子ども自身が説明的文章を書くこともできるようになることでしょう。

このようなフレームリーディングを、具体的にどのように授業で具現化していくか。その一端をこれから紹介していきます。

二 『すがたをかえる大豆』をフレームリーディングで読む

三年生の説明文『すがたをかえる大豆』（国分牧衛）をフレームリーディングの手法で読むと、どのような授業になるのでしょうか。

(1) 全文の音読

フレームリーディングの前提として、全文をしっかりと音読できる子どもに育てることは大切なことです。ある程度長い文章であっても、最後まで息切れせずに読み通せるだけの気力と体力が必要です。まずは、教師が子ども達に範読してもいいでしょう。読解力の高くない子どもの中には、教科書に並んでいる文字を眺めただけで拒否反応を示す子もいます。それが、不思議なことに、教師の範読ならきちんと聞き取れるという子どもが少なくないのです。「読み聞かせ」の効果はここにあらわれます。耳からなら、子どもは言葉を受け入れることができるのです。それが大好きな親や教師の声ならなおさらです。教科書の挿絵や写真を見ながら教師の範読を聞くことで、クラスの全ての子どもに、およそどのような内容が書かれているのかをつかませることができることでしょう。

その次に、各自で読ませます。読ませ方もいろいろと工夫して、同じパターンにならないように気を配るとよいでしょう。子どもはワンパターンが嫌いです。すぐに飽きます。だからいろいろな読み方をしながら、結果的に何回も音読していたとなるように工夫します。

読ませ方の例としては、教師の後を追いかけて読む「追い読み」、句点でバトンタッチして次々に続いて読む「まる読み」、個人で自分の速さで読む「一人読み」、グループごとや男女など役割を分担して読む「役割読み」などがあります。

方法はさまざま工夫してみるとよいでしょう。大切なことは、子どもが結果的に何回も全文を通読しているということです。

(2)「数える」ことで内容をつかむ

何回か音読すると、いよいよ内容をとらえる授業に入ります。教師の発問は一つだけです。

「だいずの姿を変えたものは、何種類紹介されていますか。数えて、題名の下に数を書きましょう」

この発問を受けて、子どもはいろいろと数え出します。

しばらく時間が経過してから、確かめるための投げかけをします。

「数えられた人はいますか?」

数えるという活動は、読むことの能力に関係なく、とりあえず全員参加できます。さらに、はっきりと数として表現されるために、子ども同士の「ズレ」が明確になるのです。

この段階で子ども達から出てきた答えは、五つありました。「十種類」「九種類」「八種類」「七種類」「五種類」です。子ども達に数えさせて、いろいろな数が出てきた方が、「確かめよう」という課題意識につながります。

どのように数えたらそのような数になるのか。一つ一つ確かめていきます。確かめるときに多い数から始めるか、少ない数から始めるかは、教師の判断です。どちらからしなければならないというきまりはありません。

まずは、一番多い事例の数として答えが出された「十種類」について検討してみます。十種類と答えた子どもに、教師が問いかけます。

「十種類と数えた人の、一つ目は何ですか?」

そして、一番はじめに数えたものを確かめます。子どもからは「豆まきの豆」という答えが返ってきました。「二つ目は?」「煮豆」「三つ目は?」「黒豆」

ここまでやりとりしたときに、他の子ども達から意見の手が挙がりました。

「文章には、『黒豆もに豆の一つです』と書かれているので、黒豆は煮豆の中に入るから、数えないと思います」

みんなで本文を確かめます。たしかにそう書いてあると、「十種類」と数えた子どもにも確認してもらいます。その上で、黒豆は煮豆の中に入れることにし、板書では、「に豆」の下に（　）つきで「黒豆」と書いておくようにしました。

数えることで、はっきりと子どもの読みにズレが生じていることを、子ども自身が自覚できます。もちろん教師自身も、子どもがどのように数えているかがすぐに分かります。このズレが、「もう一度読んでみよう」という、子どもにとってのエネルギーになるのです。

煮豆と黒豆の関係を確かめたことで、「十種類」という考えはなくなりました。次は「九種類」と答えた子どもが、どのように数えたのかを、クラスのみんなで確かめていくことにします。

数え上げられたのは、次のものでした。

「豆まきの豆（いり豆）・に豆（黒豆）、きなこ、とうふ、なっとう、みそ、しょうゆ、もやし、えだ豆」

このときの板書は次のページのようになっています。子どもが数えたものを、どのように黒板に配置して書くかは、教師の教材研究がどれほど深いものになっているか、この先子ども達に何を気づかせようとしているか、という教師の意図につながる重要なものです。

板書で、一つ一つの食品を確かめていくと、間違いなく九種類あることが分かります。

それぞれの食品が、何段落に書かれているかを確かめて板書し、示すようにします。

次に「八種類」と数えた子どもが一名だけいたので、その子の考えをみんなでさぐることにしました。

すがたをかえるだいず

だいずは何しゅるいしょうかいされている？ 5 7 8 9 10

③ 豆まきの豆（いり豆）
に豆（黒豆）

④ きなこ

⑤ とうふ
なっとう

⑥ みそ
しょうゆ

⑦ えだ豆
もやし

「八種類と数えた○○さんの気持ちが分かる人はいるかな？」

考え方としては二つあります。一つは、①段落の炒り豆と煮豆を合わせて「一つ」と数えたために、全体が「八種類」になったという考え。もう一つは、⑥段落の「みそとしょうゆ」を合わせて一つと考えたものです。

クラスによっては、両方の考えが出てくるかもしれません。このときの授業では、⑥段落についての意見だけが出てきました。

「みそとしょうゆをまとめると、八種類になります」

「どうして、みそとしょうゆをひとまとめにしたのかな？」

子ども達は考えます。同時に本文の叙述に戻ります。

「どちらも、目に見えない小さな生物の力をかりて、違う食品になっているからだと思います」

必要なえいようだけを取り出して
ちがう食品にするくふう
⑤とうふ

目に見えない小さな生物の力をかりて、
ちがう食品にするくふう
⑥
なっとう（ナットウキン）
みそ
（コウジカビ）
しょうゆ

大事なところに着目する子が出てきました。そこでさらに詳しく読ませるようにしました。

「なっとうも、目に見えない小さな生物の力をかりている食べ物として書かれているよね。どうして、みそとしょうゆだけが合体できて、なっとうは分けて数えるの？」

「みそとしょうゆは、コウジカビの力をかりていて、同じだから。なっとうはナットウキンだから違う」

「それなら」

ある子が言い出します。

「七種類も六種類もできるよ」

上の板書を見て、発言した子の考えが分かりますか？

⑥段落に紹介されているものは、三つとも「目に見えない小さな生物の力をかりてできた食品」だから三つをひとまとめにしていいだろうと言うのです。

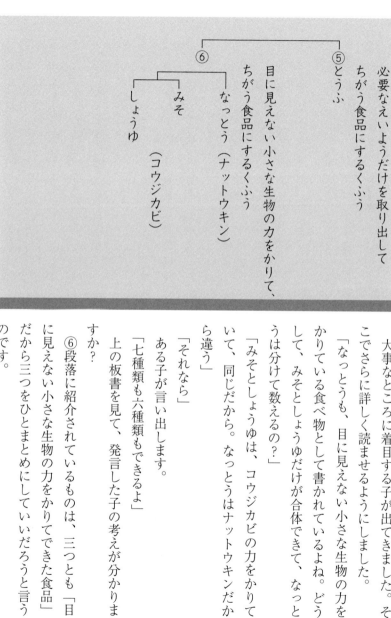

③その形のままいったりにたり
やわらかく、おいしくする くふう
豆まきの豆（いり豆）
に豆（黒豆）

④こなにひいて食べる くふう
きなこ

⑤必要なえいようを……
ちがう食品にする くふう
とうふ

⑥目に見えない小さな……
ちがう食品にする くふう
みそ・しょうゆ

⑦とり入れる時期や育て方を くふう
えだ豆
もやし

そして、その考えに立つならば、⑤段落と⑥段落はひとまとめにできるということになるでしょう。

「だって、どちらも、『ちがう食品にするくふう』って書いてあるから」

初めに数えたときには出てこなかった「六種類」という数が見えてきました。今までの数、「九・八・七・六」種類は、すべて本文の叙述に基づいているもので、すべて正しいといえます。

九種類から始まって六種類まで確かめることができました。すると、他の子が、

「五種類は簡単だ」

と口にしました。そこでクラス全体に投げかけます。

「では、どうやって数えたら五種類になるか、五種類と数えた人の気持ちを考えよう」

「五種類は、段落の数を数えればいいんだよ」

「段落の数を数えるということは、何という言

③その形のままいったりにたり
やわらかく、おいしくする くふう
豆まきの豆（いり豆）
に豆（黒豆）

④こなにひいて食べる くふう
きなこ

⑤必要なえいようを……
ちがう食品にする くふう
とうふ

⑥目に見えない小さな……
ちがう食品にする くふう
みそ・しょうゆ

これらのほかに

⑦とりいれるじきや育て方を くふう
えだ豆
もやし

葉の数を数えているということ？」

「わかった。くふうだ！」

「段落の数を数えるということは、くふうの数を数えることだったんだ」

「なら四種類にもなるよ」

「さっき、⑤段落と⑥段落はひとつにまとめられるとわかったんだから」

「どちらもちがう食品にするくふうだね」

「なら、三種類にもなるかな」

「きなこは、いった豆を粉にしたものだから、まとめられるといえば、まとめられるかもしれない」

「難しいね。これ以上にはまとめられないかな」

「二種類はできるよ」

「〇〇くんが、二種類に分けられると言っているけど、どこで分けるのかな？」

「⑦段落の細書に、これらのほかにって書いてあるから、この前と後ろで筆者は分けているんだよ」

「なるほどね。⑦が他の段落と違うという、証拠の言葉は他にあるかな？」

「見つけた！　すごい目印！」

(3)「数える」ことで筆者の意図をつかむ

ここまでの板書例と子どもと教師のやりとりから、⑦段落がそれまでの段落と違うことがお分かりでしょうか？　説明文本文には、⑦段落は次のように書かれています。

⑦これらのほかに、とり入れる時期や育て方をくふうした食べ方もあります。ダイズを、まだわかくてやわらかいうちにとり入れ、さやごとゆでて食べるのが、えだ豆です。また、ダイズのたねを、日光に当てずに水だけをやって育てると、もやしができます。

他の段落と読み比べないと、この段落の中のどの言葉が、他と違うという目印になっているかわかりにくいですね。この⑦段落とつながりがあるのが、②段落の次の部分です。

②大豆は、ダイズという植物のたねです。えだについたさやの中に、二つか三つのたねが入っています。ダイズが十分に育つと、さやの中のたねはかたくなります。これが、わたしたちが知っている大豆です。（以下略）

もう分かりましたか？　⑦段落の「だいず」は、すべてカタカナの「ダイズ」と書かれています。つまり、⑦段落だけ、植物としての「ダイズ」をおいしく食べる工夫が書かれているのです。他の段落は、漢字の「大豆」を、つまり、種子としての大豆をどのように工夫しておいしく食べているかという説明になっています。筆者は意図的に書き分けているのです。ですから、⑦段落の最初に「これらのほかに」という言葉をつけているのです。

ここまで、子ども達に投げかけたのは、「だいずの姿を変えたものは、何種類紹介されていますか」ということだけです。つまり、具体的な事例を数えさせるということだけしかしていないのです。それだけで、筆者の意図的な漢字の大豆とカタカナのダイズの書き分けまで見抜くことができました。これが、「謎解き」の一例です。

もちろん、書かれている言葉が手がかりです。手がかりをつなぎ合わせることで、それまで見えていなかったもの、例えば筆者の意図であるとか、論理のつながりであるとか、書きぶりの工夫であるとか、そういったものを見抜いていく力をつけていくことが必要なのです。フレームリーディングには、それができます。

(4) 創造的・論理的思考を活性化させるフレームリーディング

板書の流れも示してきましたが、板書は、文章の構造化を可視化するものです。仲間分けできるものを近くに書いたり、分けられるものは意識的にやや離して板書したりしています。後から、ここに手がかりとなる言葉が入るなと思ったら、そこは少し空けてスペースを確保しておきます。「ちがう食品にする」などといったキーワードは、子ども達に見えやすいように、分かりやすいように同じ色で書いておきます。各段落のキーワードになる［くふう］は、線で囲んで書きます。

さらに、この説明文の題名は、もともとは「すがたをかえる大豆」ですが、黒板には、意図的に「すがたをかえるだいず」と、「だいず」をひらがなで書いておきます。書いたときにすぐに「何でひらがなで書くの？」などとチェックしてくる子どもがいればしめたものです。「するどいね。なんでかなあ」などと言っておくと、その子は一時間の間、題名にもこだわって考えるようになるでしょう。そして、②段落のカタカナの「ダイズ」が登場したときに、「だからわざとひらがなで書いていたのか」と言ってくれることでしょう。

このように、説明文そのものには、すでにさまざまな仕掛けが散りばめられています。わざわざ本文中に□をつくらなくても、わざわざ段落の順番を入れ替えなくてもいいのです。そのような細工をすること自体がとっても不自然です。文章は書かれているままを受け止め、そこに仕掛けられている謎を解くこと。それが創造的・論理的思考をうながし、育んでいくことになると考えます。

さらに、子どもの思考力を伸ばすためには、教師の仕掛けが必要です。その一つは「発問」です。教師がどのような発問をするかによって、子どもの思考がどれだけ活性化するかが決まると言っても過言ではありません。

また、子どもの発言をつなぎ、他の子どもたちにも見えるように仕掛けていくのが「板書」です。どの言葉を書くか、どこに書くか、何色を使って書くか、など、すべてが教師の仕掛けなのです。そこで意識されるべきは、「構造化」ということです。子どもの発言を、何の考えもなく、出てきた順に黒板に並べて書いたのでは、「構造化」にはなりません。「構造化」は、文章を丸ごと読むからこそ見えてくるものです。どこがどことつながっているか、どのように並べられているか、まとめがどこにあって、どことつながっているか、などが見えるようになるのが「構造化」です。

「構造化」は、低学年の段階から教師が意識すべきことで、その意識が明確に示される場が板書ということになります。

(5) 多面的・多角的に情報を読むということ

『すがたをかえる大豆』の授業では、「だいずは何種類紹介されているか」という問いのもと、子ども達が、自分の視点をもって、事例の数を数えていきました。すべての食品を個別に数えると九種類となります。もちろんこれは正解です。ところが、別の視点で読むと、五種類になったり、最終的には二種類にまで整理されたりすることが分かります。どの種類分けも、本文の叙述に即したもので、明確な種類分けの視点がありますから、すべて正解になるわけです。子どもが、どこに目をつけて種類分けするかということが問題になります。正解は一つではないのです。

冒頭で述べたように、従来の説明文の読みの授業は、「工夫」の内容を読み取る、といったもので、③段落の工夫は、その形のまま炒ったり煮たり、④段落の工夫は粉にする、などと答えが一つ一つ決まってくるものでした。内容を正確にとらえる授業としては成立しますが、書かれていることをなぞっているだけで、そこに発見する面白さはありませんし、自分の考えをつくっていくという、まさに「創造的思考」は働きません。

「何種類？」という発問は、正解は一つにならず、根拠が論理的に整合性をもっていれば、子どもが考えた複数の種類分けはすべてが正解になります。言い換えると、一つの情報を多面的に読んでいることになります。

これからの読むことの授業には、創造的・論理的思考力を高めるような展開、教師の仕掛けが必要です。そのためには、たとえ一つの文章（情報）であっても、その内容を多面的にとらえる力をつけるような発問や、活動の指示が工夫されていかなければなりません。

(6) 情報の構造化を可能にするフレームリーディング

さらに、文章の内容を「構造化」する力が求められています。前述しましたが、「構造化」のためには、全体が見えている必要があります。部分しか見えていないものを構造化することはできません。全体を見渡すことのできる力をつけ、それを構造化できるようにする。そのために、フレームリーディングの手法が必要です。

今まで具体的に取り上げてきた『すがたをかえる大豆』ですが、事例の内容については、多面的な読みによってとらえることができてきたと思います。では、その次に何をするか。具体的な事例の書かれていない段落には何が書かれているかを見渡す授業になります。

②段落と、③から⑦段落までのつながりは見えましたね。残りは①段落と⑧段落ですから、必然的に①段落と⑧段落には何が書かれているかを考えることになります。

例えば、次のような発問をします。

「①段落と⑧段落では、大事な段落はどっち?」

子ども達は、それまでの説明文の学習で、大事なところは、前か、後ろかに書かれていることを学んでいることでしょう。両方に大事なことが書かれている「双括型」の文章もありますが、三年生のこの時期までには、そのようなスタイルの文章はまだ学んでいないかもしれません。それで、感覚的に「⑧段落が大事」と言うでしょう。もしも①段落が大事という子どもがいても、もちろんかまいません。大事なことは、その後です。

「では、大事だと思う段落に○をつけて、どうしてその段落が大事だと思うのか、証拠を見つけて線を引いてください」

と、指示します。それまで感覚的に①段落だの⑧段落だの選んでいた子ども達は、「証拠を見つけろ」と言われたので、もう一度本文の叙述に戻らざるを得ません。

まず、⑧段落が大事だと言う子どもに、証拠を出させます。

「まとめの目印の『このように』があるから、まとめになっていて大事」

「『大豆はいろいろなすがたで食べられています』と書かれているところが、今までのまとめかと思った」

このような発言が出たら、少しゆさぶりをかけてもいいかもしれません。

「いろいろなすがたに変わっていることは、①段落にも書いてあるよ。おいしく食べる工夫をしてきたことは、②段落にも書かれているよ。⑧段落が大事なら、①段落も②段落も大事だって言えるね」

この文章は、「双括型」ととらえられなくもありません。その証拠に、この説明文には「問いがない」のです。

一般的な尾括型の説明文は、はじめに話題提示があって、その後に問いが書かれます。「○○があります」と書かれた後に、「どうして、○○になっているのでしょうか」などという書かれ方をしていますね。しかし、『すがたをかえる大豆』は、最初から、「大豆はいろいろな食品にすがたをかえている」という、結論が書かれています。そして、具体的にどのような食品に姿を変えているのかが紹介されています。結論が先に紹介されているので、問いを立てる必要がないのでしょう。

そう考えると、この説明文に問いがないことも納得できますし、双括型という新しいスタイルとして、説明文の型を学ぶこともできます。

(7) 必要に応じて詳細に読む

『すがたをかえる大豆』の大きなフレームとして、「双括型」であると言うことができることが分かりました。しかし、それだけでは終わりません。フレームリーディングには三つのステップがあります。第一段階で大枠をとらえ、フレームをつくります。第二段階のフレームリーディングでは、必要に応じて詳細に読む活動をします。その上で、第三段階のフレームリーディングであらためて全体を見渡し、より深化させて文章全体をとらえ直すのです。

双括型が見えてきても、「やはり最後の⑧段落の方が大事だ」と考える子どもが少なからずいます。それは当然のことなのですが、文章の叙述に即して、その理由を確かめる必要があります。これがこの文章における第二段階のフレームリーディングです。子ども達には次のように投げかけました。

「文章の最初と最後の段落に同じような言葉があるので、両方大事だと考える人も出てきているけれど、やはり最後の方がもっと大事だと思っている人もまだいるよね。それはどうしてかな」

子ども達は、①段落や②段落と、⑧段落をあらためて読み直します。そして、⑧段落にしかない言葉を見つけ出します。

「大豆が、どうしていろいろ工夫されて食べられてきたのか、その理由が書かれているから大事」

このような発言には、「その理由って何?」と、さらに具体的に説明を求めるようにします。子どもはあらためて読み直して答えます。

「味がよくて、たくさんの栄養があるから」

「そのうえ、育てやすいからとも書いてある」

「結局、大豆がいろいろと工夫して食べられてきた理由は、全部でいくつあるの?」

こうしたやりとりの中で、教師が「三つあるんだね」とまとめないことは、授業のテクニックとして必要です。最終的な整理も子ども達に考えさせて、子どもの言葉で言わせるようにします。

「あと、最後に筆者が、『昔の人々のちえにおどろかされます』と書いています。これは、筆者が大豆のすごさを言いたかったから書いたことだと思うので、やはり最初より最後の方が大事だと思います」

双括型の説明文の、前と後ろがまったく同じ比重ということはまずありません。最初に結論を述べますが、結論に納得してもらうために、その後に具体的な事例を述べていきます。そのうえで、最後にあらためて「ね、だから最初に言ったとおりでしょ」というような書きぶりになるのです。ですから、最初の結論付けよりも、具体的な事例の後の結論の方が、より強調された書きぶりになります。後ろの結論の方が比重が大きくなるのです。

三年生の子ども達にどこまで学ばせるかは、それまでの学習の積み重ねや子ども達の実態に応じてになります。『すがたをかえる大豆』の文章は、尾括型（まとめが後ろにあるスタイル）とも読めるし、双括型（最初と最後に結論のあるスタイル）とも読むことができます。双括型として読むと、最初に問いが書かれていないのも納得できるということになるでしょう。

(8) あらためて、全体を見渡す

フレームリーディングの第三段階では、詳細な読みをふまえて、あらためて文章全体を見渡します。はじめの①、②段落と⑧段落のつながりや、筆者の主張を具体的に述べている③段落から⑦段落までのつながりを、図式化するなどして見渡せるとよいでしょう。

図式化すると、③段落から⑥段落までの事例が、例えば上のように横に並ぶように示されます。文章構成図に書いたときに、横に並べるときは、基本的に内容が入れ替え可能の場合です。⑤と⑥段落などは、入れ替え可能と考えて横に並べているわけですが、本当に入れ替え可能かどうかを吟味してもよいでしょう。

「事例が、今の順番で書かれていることには何か秘密があるのかな？」

筆者の意図を探る授業になります。三年生では、あまりストレートに、「なぜ筆者はこの順番に並

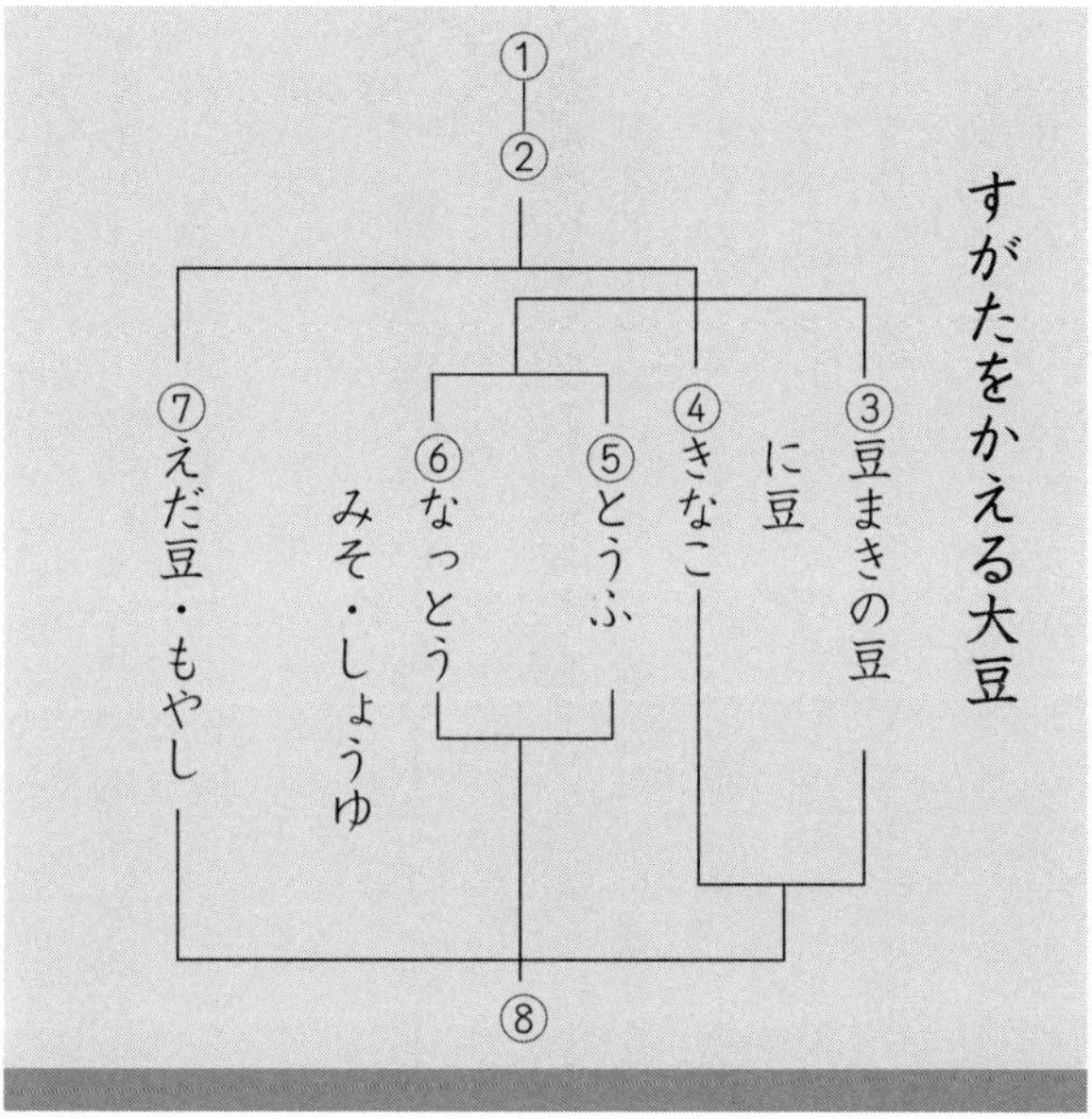

べたのか」と聞くのは難しいかもしれません。それよりも、子ども達の方からなにか秘密が発見できるように投げかけるとよいでしょう。

子ども達は、さまざまに、それこそ多面的に読みます。

「『いちばん分かりやすいのは』から始まっているので、姿を変えていても、もとが大豆だと分かりやすい順で書かれています」

「とうふと、なっとう・みそ・しょうゆは、時間がかかる順になっていると思います」

子ども達がさまざまな観点であらためて読み返し、事例が並べられている順序にも意図があることに気づければいいでしょう。

三　説明的文章の授業　三ステップ

私はフレームリーディングを、三つのステップで考えています。説明文には説明文を読む三ステップがあります。（物語にも、同様に物語を読む三ステップがあると考えています。）

ここでは、説明文を読む三つのステップについて、具体的な発問などをもとに説明していきます。

第一段階のフレームリーディング―文章のフレームをとらえる

・段落はいくつありますか。
・具体的な事例はいくつ紹介されていますか。（具体的に問う）
・どこからどこまでが〇〇（具体的事例）の話でしょうか。
・事例は、何種類紹介されていますか。（「いくつ」と「何種類」は違う発問）
・文章中に繰り返し出てくる「キーワード」はいくつ書かれていますか。（キーワードは一つとは限らない）
・問いはいくつありますか。

・一番大事な段落はどれですか。
・仲間はずれの段落はどれですか。
・資料は何種類使われていますか。

第二段階のフレームリーディング—必要に応じて詳細に読む

・なぜ、その段落が一番大事なのでしょうか。
・なぜこの段落が仲間はずれの段落なのでしょうか。
・一番大事な事例はどれですか。
・一番（好き・すごいなど）はどれですか。
・一番大事なキーワードは、どの段落に書かれているキーワードでしょうか。それはなぜですか。
・事例に当てはまるもの（正しいもの）はどれでしょうか。
・比べていることはいくつありますか。
・なぜ、この段落（例えば問いの段落など）がここにあるのでしょうか。
・主語はどのように変化していますか。

第三段階のフレームリーディング―筆者の意図や主張をとらえ、批評する（自分の考えをもつ）

・なぜこの題名なのでしょうか。
・筆者は、何が一番言いたかったのでしょうか。
・筆者の言いたいことに対して、納得できますか。

発問は学習材や子どもの実態、発達段階に応じてアレンジが必要です。フレームリーディングには、「こうでなければならない」というものはありません。ぜひ発問を工夫して、子ども達と謎解きのためのフレームリーディングをしてください。

第2章

説明文教材を
フレームリーディングで読む

じどう車くらべ

この説明文でとらえたいフレーム

問いと答えのつながりをとらえる

低学年の説明文を読む学習で一番大切なのは、問いと答えのつながりです。何が問われていて、その答えとして何が説明されているのかをとらえることは、説明文を読むはじめの一歩なのです。基本的に説明文は、問い―答えを骨組みとして書かれています。問いとは、読者に尋ねていることではありますが、筆者は分からないことを尋ねているわけではありません。その反対で、伝えたいことを、あえて問いのかたちにして読者に示しているのです。

この説明文は、二つの問いに対して、それぞれに答えの段落が示されている、分かりやすい構成で書かれています。このような、シンプルな構成の説明文のうちから、文章全体を丸ごと読むことを意識した読みの活動を仕組んでいくことが重要です。

第一段階のフレームリーディング

発問

自動車はいくつ紹介されている?

まずは、中身（事例）を数えるところからフレームリーディングは始まります。事例の数は一年生の子どもにも数えやすいのです。数えることは、読む力の高低にかかわらず、全員参加できます。

じどう車くらべ

だんらく		じどう車
④と⑤		バスや じょうよう車
⑥と⑦		トラック
⑧と⑨		クレーン車

▼事例の数をとらえる

T：このお話には、自動車はいくつ紹介されていますか。
C：四つです。
C：三つです。
T：確かめていきましょう。一番目に出てくる自動車は何ですか。
C：バスです。
T：二番目は?
C：乗用車です。
C：バスと乗用車は、同じ仲間です。
T：どうして仲間って分かるの?
C：「バスやじょうよう車は」と書いてあるから。
C：絵がいっしょに描いてあるからです。
T：何番（の段落）に書いてありますか。

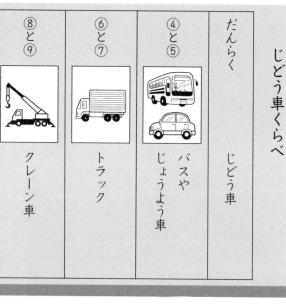

第二段階のフレームリーディング

発問 同じところはどこ？

第一段階のフレームリーディングで、この説明文に出てくる事例の数を確認しました。バスと乗用車が同じ段落のまとまりの中に出てくるので、子どもにとっては混乱しやすくなっています。そこが分かったら、今度は第二段階のフレームリーディングとして、それぞれの自動車についての説明の仕方に目を向けます。それぞれ、仕事の中身＋つくりの紹介でひとまとまりの意味段落を構成している、ということに気づかせます。そのためには、仕事の中身の段落と、つくりの段落を黒板で色分けして示すなど、視覚的な工夫が必要です。

じどう車くらべ

おなじところはどこ？

バス
じょうよう車

④ 人をのせてはこぶ
しごと

⑤ そのために

ざせき—ひろく

事例の内容をとらえる

T：このようなお話を説明文と言いますよ。この説明文を読んで、同じところを見つけてください。まずは、バス・乗用車とトラックを比べてみましょう。

C：「はこぶ」が同じです。

C：「はこぶしごとをしています」が全部同じです。

C：「そのために」が同じです。

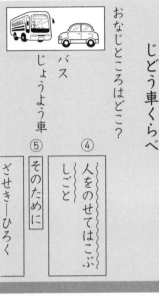

大きなまど

トラック

⑥
にもつをはこぶ
しごと

⑦
そのために

ひろいにだい
タイヤたくさん
（おもいにもつを
のせるトラック）

クレーン車

⑧
おもいものをつり
上げるしごと

⑨
そのために

じょうぶなうで
（のびたり　うご
いたり）
しっかりしたあし

T：もうありませんか。今度はクレーン車も入れて比べてみましょう。

C：「しごとをしています」は三つとも同じです。

T：そうですね。トラックとクレーン車だけではなく、バスのところも同じですね。

C：「そのために」も三つ同じです。

C：「あります」は、バスとクレーン車が同じで、「ついています」が、トラックとクレーン車で同じです。

T：面白いところを見つけましたね。文の終わりが、似ていたり同じだったりするんだね。

C：④と⑥と⑧は、全部「しごと」が書いてあります。

T：このまとまりを「段落」と言いますよ。

C：⑤と⑦と⑨段落には、ついているものが書いてあります。

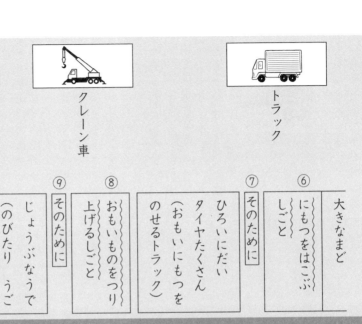

発問 一番すごい自動車はどれ？

一番を選ぶためには、書かれている内容を丁寧に、確かに読まなければなりません。一番がどれかという正解はないのです。自分が三つの自動車のまとまり（意味段落）を読み、自分なりに判断して選ぶことができればよいのです。それぞれの自動車が選ばれたときに、その自動車が仕事に合わせて工夫してつくられていることを実感できることが大切です。

そのために、イラストや模型を提示したり、子ども達に動作化させたりして、書かれている内容をより具体的に理解できるような活動の工夫が必要です。

じどう車くらべ

いちばんはどれ？

人をたくさん
のせられる

事例の内容をとらえる

T：この説明文には、三つの自動車が書かれていましたね。この中で、一番すごい自動車はどれでしょうか？　選んでみましょう。

C：私は、バスがすごいと思います。だって、たくさんの人が乗れるから。

C：私は、トラックが一番すごいと思います。たくさんの重い荷物を乗せられるからです。

T：重い荷物を乗せられるトラックはどれかな？

（絵を提示：タイヤが四つのもの、タイヤがたく

おもいにもつを
はこべる

タイヤ
少《すく》ない

タイヤ
多《おお》い

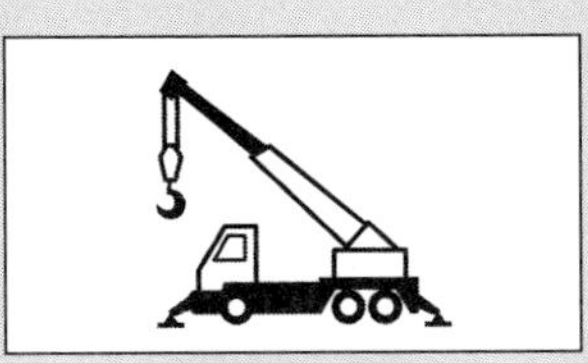

おもいものを
つり上げる
←
じょうぶなうで
しっかりした　あし

さんついているもの）

C：こっちです。だってタイヤがたくさんついているから。

T：タイヤがたくさんついていると、どんないいことがあるのかな？

C：タイヤが少ないと、重い荷物を乗せたときにつぶれちゃうでしょ。タイヤがたくさんあるとつぶれないから。

C：タイヤが頑張るから荷物を乗せられる。

T：そうなんだ。クレーン車がすごいと思っている人はいますか。

C：クレーン車は、じょうぶなうでで、重いものを高く持ち上げることができるからすごいです。

C：タイヤの横から、あしが出ていて、倒れないようになっているのがすごいです。

第三段階のフレームリーディング

発問 はじめの三つの段落はいらない?

それぞれの自動車について、仕事とつくりを具体的に読んできました。最後に、①②③段落の役割を考えます。具体的な説明をとらえる授業には出てこなかった段落です。これらの段落が、実は文章全体をまとめる役割をしているのだと理解させます。

それぞれの自動車の「仕事」は、②段落の問いを受けての説明であり、それぞれの「つくり」は、③段落の問いを受けての説明です。このつながりを、板書の工夫などをもとに、目に見えるかたちで示していくことが大切です。

じどう車くらべ

はじめのだんらく

① いろいろなじどう車が、どうろをはしっています。 ← ←

問いの段落の役割をとらえる

T:今まで出てこなかった段落が三つありますね。この段落はなくてもいいのかな。

C:ダメです。

T:どうして?

C:②段落で、「どんなしごとをしていますか」と聞いているから。

C:②段落は、問題になっています。

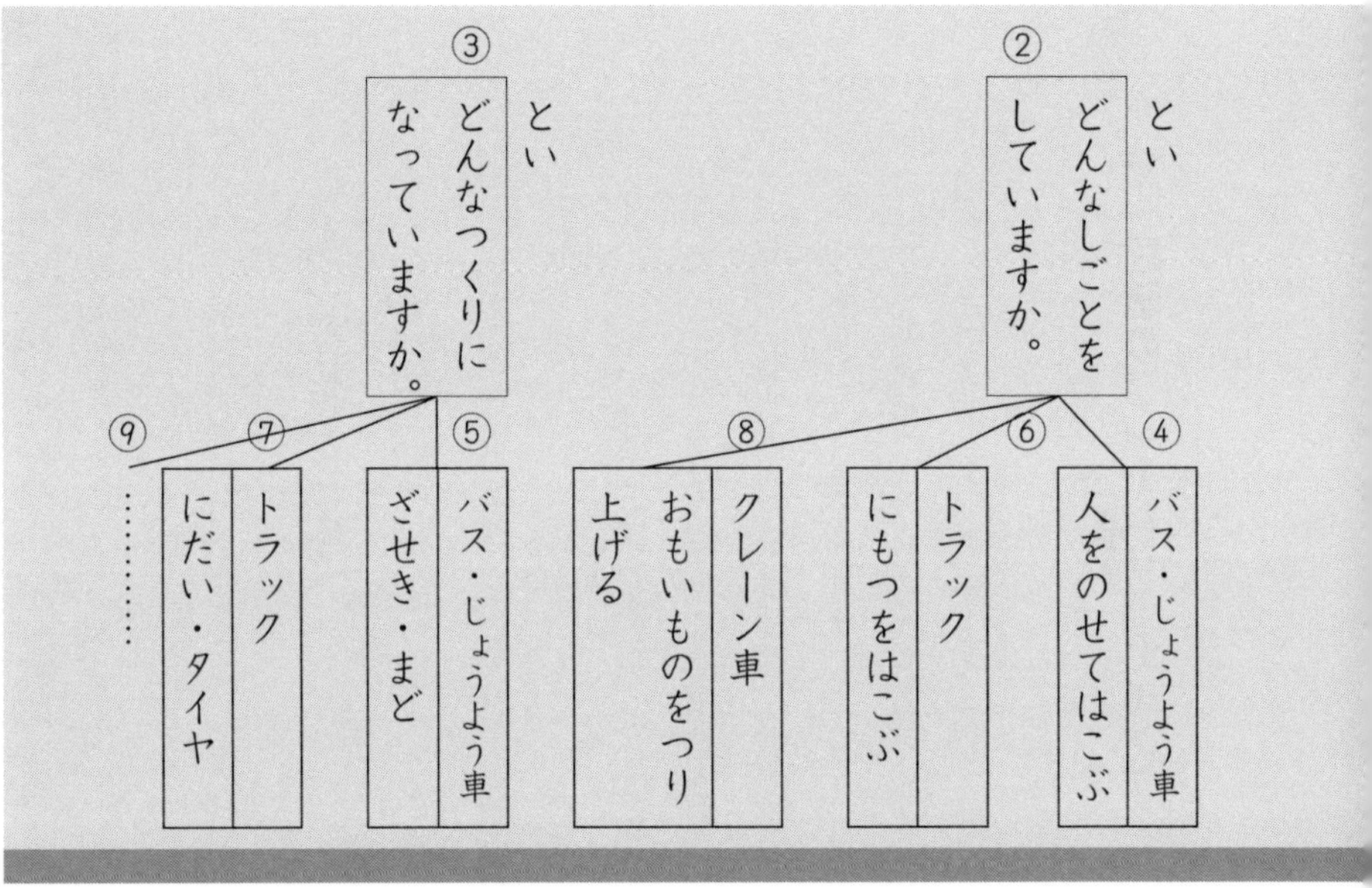

T：このような段落を「問い」の段落と言います。

C：③段落も「問い」になっています。

T：「問い」が二つもあるんだね。一つじゃダメなのかな。

C：「どんなしごとをしていますか」は、「人をのせてはこぶ」とか、「にもつをはこぶ」とか、「おもいものをつり上げる」が答えで、……。

T：○○さんの言いたいことの続きが言える人？

C：「どんなつくりになっていますか」の問いの答えは、⑤と⑦と⑨段落に書いている。

T：問いが二つあるから、答えも二つずつあるんだね。

T：じゃあ、①段落はいらないね。

C：急に問いから始まったらおかしい。

C：自動車の話の始まりがないと。

C：これから何の話が始まるか分からない。

T：これから自動車の話をするよという段落だからいるんだね。

どうぶつの赤ちゃん

この説明文でとらえたいフレーム

事例の対比をとらえる

『どうぶつの赤ちゃん』は、二つの問いに対して二つの答えが説明されています。事例にはライオンとしまうまが選ばれ、それぞれ同じ観点で対比的に説明されているのが特徴です。同じ観点で二つの事例を比べると、似ているところや違うところがはっきりします。フレームリーディングによって、このような工夫された説明の仕方を学びます。

さらに、取り上げる事例にも筆者の意図があることが分かります。ライオンとしまうまは、食べる立場の動物と食べられる立場の動物です。しかし、赤ちゃんのときには、しまうまのほうが大きくて、すぐに立ち上がって走ることができます。それに対してライオンは、小さくて弱々しい様子です。自分でえさを食べることができるようになるのにも時間がかかります。このように、筆者は意図的に事例を取り上げています。子どもには、このようなフレームをもたせていくことが必要です。

第一段階のフレームリーディング

発問 **動物はいくつ紹介されている?**

説明文全体を読み、そこで取り上げられている事例を数えることで、文章の大まかなフレームをとらえます。

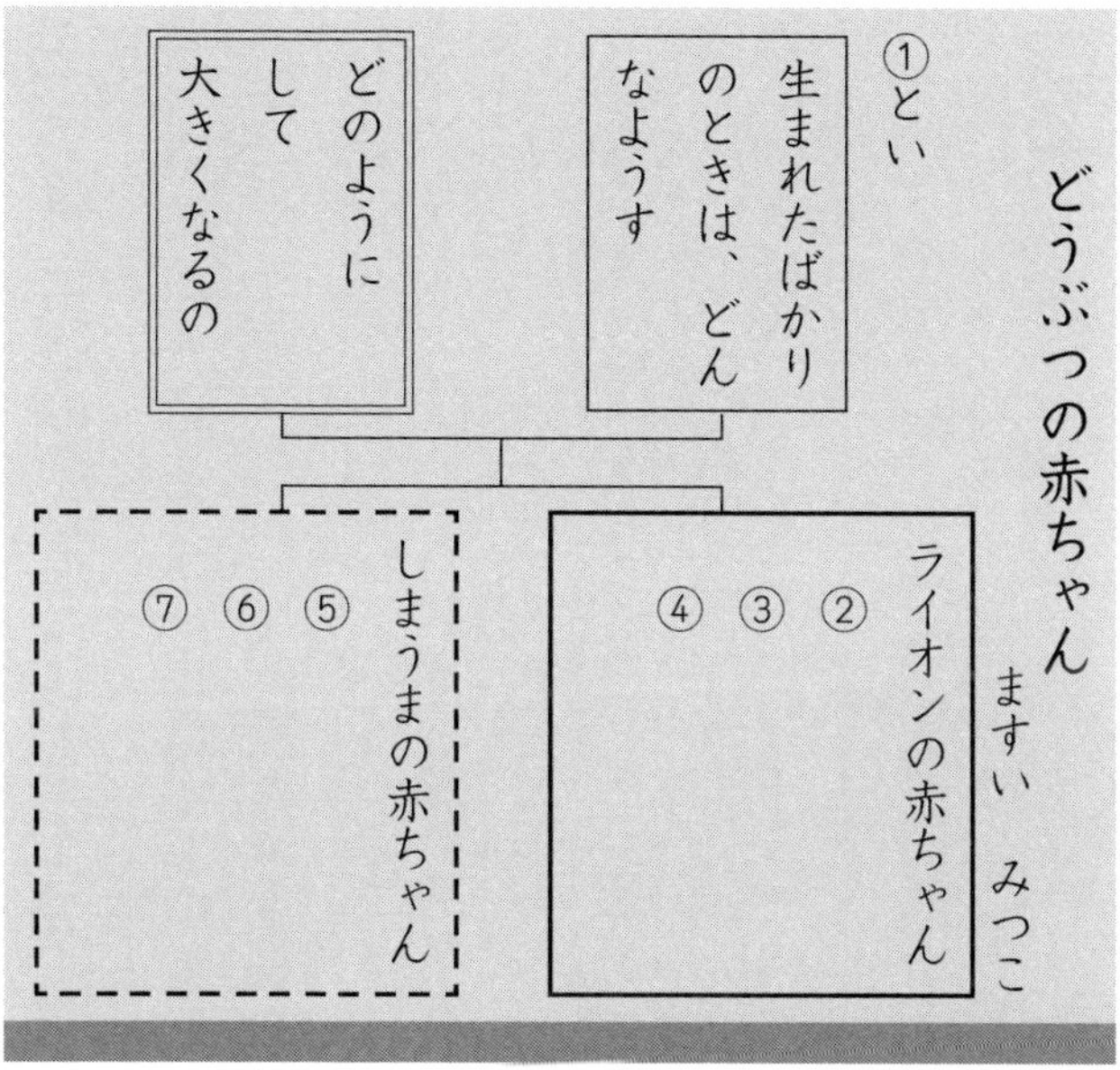

事例の数をとらえる

T：この説明文には、動物はいくつ出てきますか。
C：ライオンとしまうまの二つです。
T：どこからどこまでがライオンの段落かな。
C：②段落から④段落がライオンです。
C：しまうまの書かれている段落は、⑤段落から⑦段落までです。
T：①段落には、何が書かれているのかな。
C：問いです。
T：問いはいくつありますか。
C：二つです。一つ目は、「生まれたばかりのときは、どんなようすをしているのでしょう」で、二つ目は、「どのようにして大きくなるのでしょう」です。

第二段階のフレームリーディング

発問　違うところはいくつ？

ライオンとしまうまの赤ちゃんの事例を比べて読みます。違うところはいくつあるかを数えると、それぞれの赤ちゃんについて、対比的に書かれている内容が浮かび上がってきます。子どもが読み取った内容を、黒板で視覚的に整理していくと、書かれている内容が見渡せるようになります。

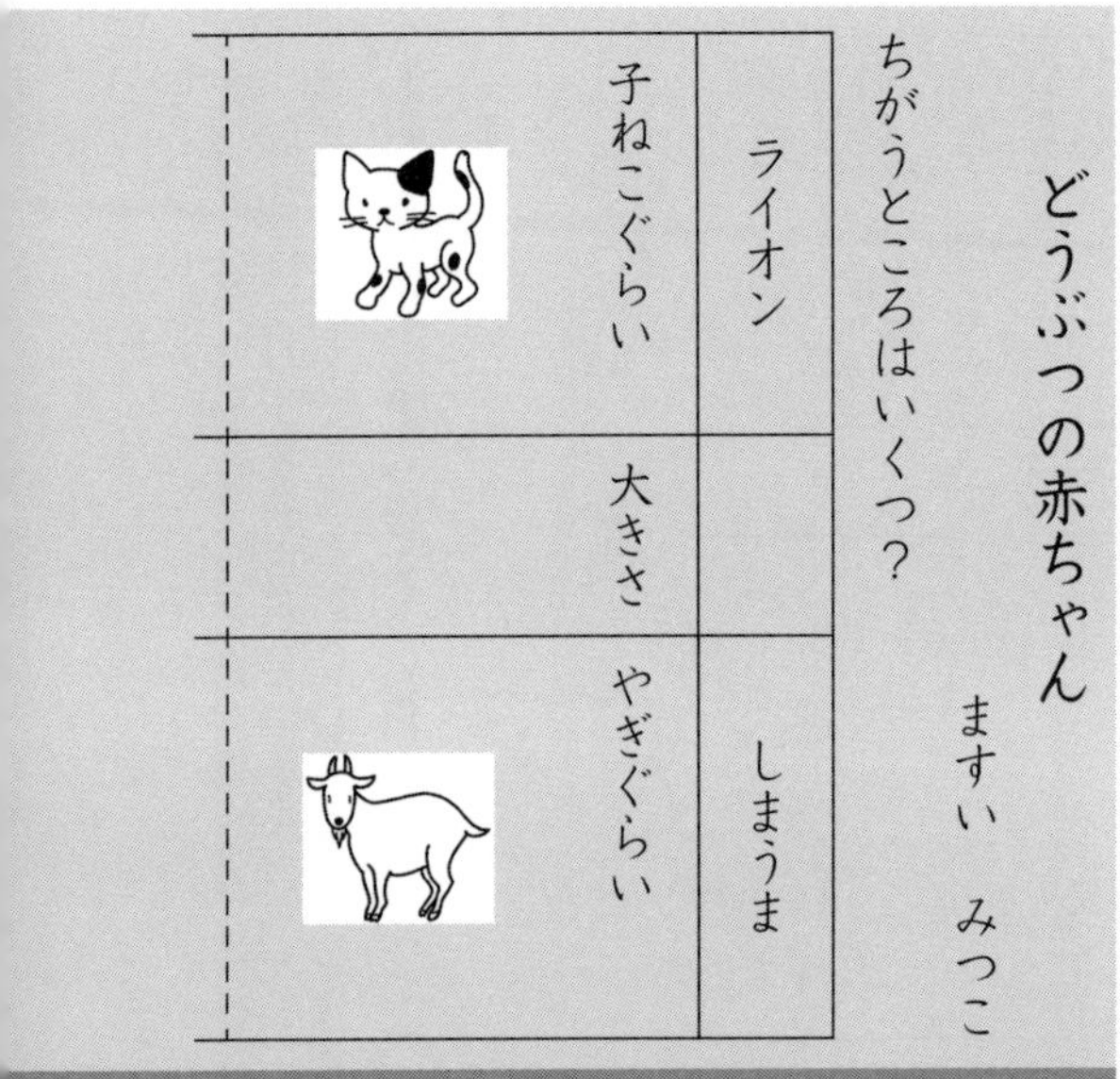

▼事例の具体的な内容をとらえる

T：ライオンとしまうまの、生まれたばかりの様子を比べて、違うところがいくつあるか数えてみましょう。

C：四つです。

C：私は五つです。

T：一番はじめの違いはなんですか？

C：ライオンは子ねこぐらいだけど、しまうまはやぎぐらいです。

T：ということは、「大きさ」が違うんだね。子ねこぐらいの大きさって、どのくらいかな。手

目	とじたまま	あいている
耳	とじたまま 	ぴんとたっている 
おかあさんと	よわよわしくて にていない 	もようもあって そっくり 

でやってみてください。（動作化）

では、やぎぐらいって、どのくらいだろう。（動作化）

C：ぜんぜん違う。

T：そうだね。次の違うところは何かな？

C：目や耳です。

C：目と耳を分けて数えると、答えが違います。

T：では、分けて数えてください。まず、目はどうなっていますか。

C：ライオンはとじたままです。しまうまは、あいています。

C：耳は、ライオンはとじたままだけど、しまうまは、ぴんと立っています。

T：これで違いが三つも出てきましたね。まだありますか。

C：お母さんに似ているかいないかです。

T：今のことは、どの段落に書いてありましたか。

C：②段落と⑤段落です。

前の時間には、②段落と⑤段落の内容を対比しながら詳しく読みました。その続きです。前時でも授業の中で行いましたが、低学年の子どもが内容を理解し、言葉を実感するためには、動作化やイラスト化は欠かせない活動です。こうした活動を行いながら、子どもは言葉から様子を想像して理解します。このような経験を積むことで、学年が上がると、わざわざ動作化などしなくても頭の中で様子をイメージすることができるようになります。

また、板書には、対比的に比べられるようなレイアウトが必要です。そこでも、言葉だけではなく、イラストや写真なども掲示して、言葉を目で見えるようにします。

どうぶつの赤ちゃん

ますい　みつこ

ちがうところはいくつ？

ライオン		しまうま
じぶんではあるけない おかあさんにはこんでもらう	立《た》てるか	三十ぷんもたたないうちにたち上がる（にげられる）

事例の具体的な内容をとらえる

T：②段落と⑤段落に、ライオンとしまうまの赤ちゃんの違うところが四つありました。今日はその続きです。違うところはまだ他にもありますか。
C：③段落と⑥段落にあります。
T：いくつありますか。
C：一つです。
C：ライオンの赤ちゃんは、生まれてすぐに自分で歩くことができません。
C：しまうまの赤ちゃんは、生まれて三十分も経たないうちに自分で立ち上がります。そして、次の日

二か月　おちち ↓ おかあさんのとったえもの ↓ 一年たつとじぶんでつかまえてたべる （つかまえてたべるのはたいへんなことだからじかんがかかる）	どうやって大きくなるか	七日ぐらい おちち ↓ じぶんで草をたべる （おちちものむ） （草はうごかないからたべやすい。すぐたべられる）

には走るようになります。

T：しまうまはすごいね。すぐに走れるといいことがあるのかな。

C：大きなライオンとかに襲われたときに、みんなと一緒に逃げることができます。

C：歩けなかったら、ねらわれて、食べられちゃう。

T：なるほど。

C：違いはまだあります。

C：④段落と⑦段落にあります。

T：どのような違いですか。

C：ライオンの赤ちゃんは、二か月ぐらいはお乳だけ飲んでいます。自分で食べるようになるのは一年ぐらいしてからです。しまうまは、たった七日ぐらいお乳を飲んでいたら、もう自分で草を食べるようになります。

第三段階のフレームリーディング

発問 問いと答えはいくつある？

ここまでは、具体的な事例を対比させて読んできました。つまり、ライオンの赤ちゃんとしまうまの赤ちゃんを比べながら、板書などを使って整理してきたわけです。第三段階のフレームリーディングでは、もう一度文章全体をとらえ直して、より深いフレームをつくります。この説明文では、①段落の問いと、そこから後の答えの段落の関係をとらえるということです。

①段落は今まではっきりと扱っていませんでしたので、第三段階でしっかりとおさえるようにします。①段落の中に二つの問いがあります。一つ目は、「生まれたばかりのときは、どんなようすをしているか」ということです。その答えは、ライオンは②、③段落で、しまうまは⑤、⑥段落で説明しています。二つ目の問いは「どのようにして大きくなっていくのでしょう」で、この答えはライオンが④段落、しまうまが⑦段落で説明しているということです。こうしたフレームを、目で見て分かるように板書しながら整理していきます。

どうぶつの赤ちゃん

ますい　みつこ

ライオン

▼文章全体の構成をとらえる

T：この説明文には、問いがいくつありますか。

C：二つあります。

C：一つ目は、「生まれたばかりのときは、どんなよ

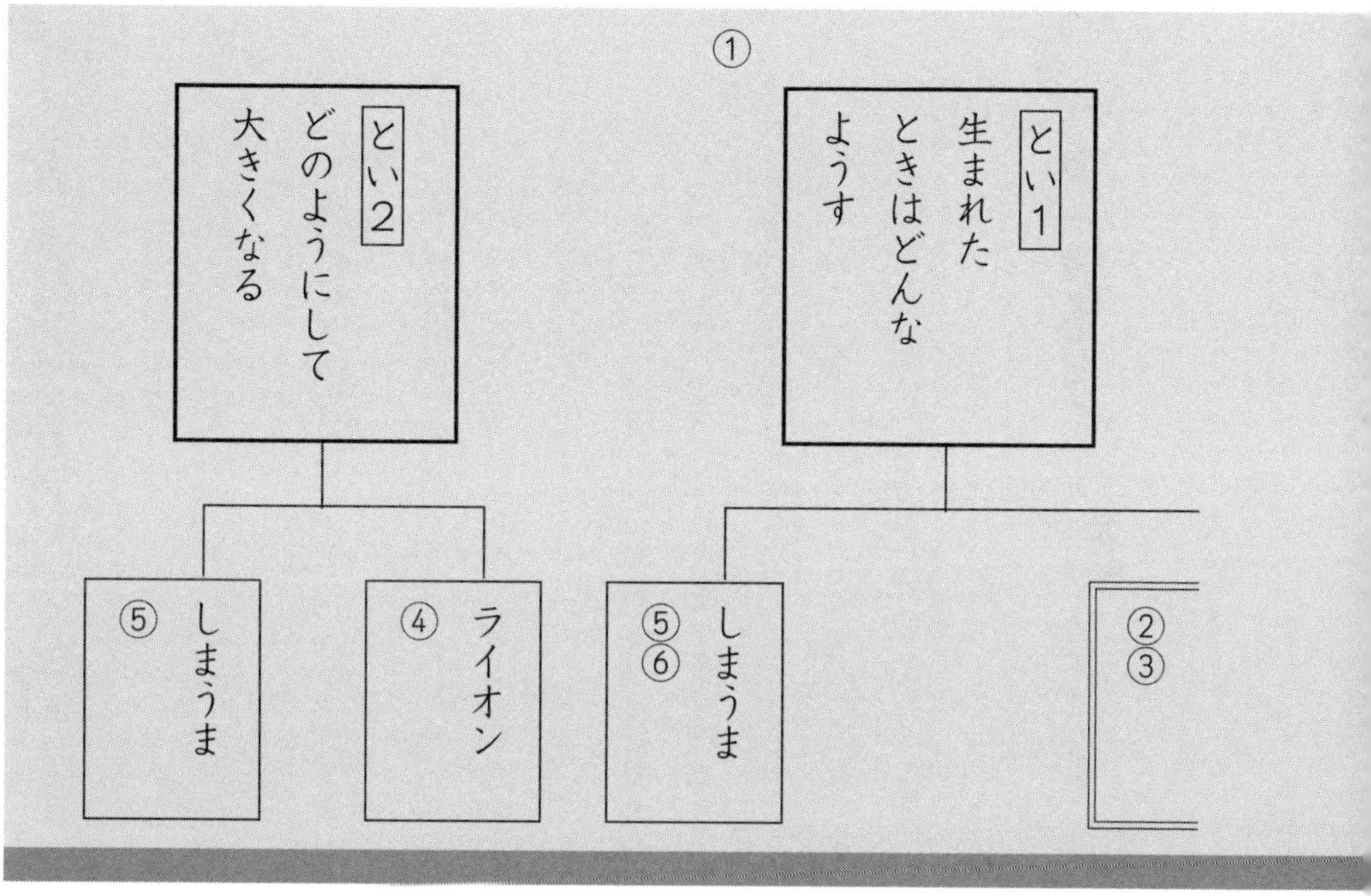

うすをしているのでしょう」です。

T：その答えは、どの段落に書いてありますか。

C：ライオンは、②段落と③段落です。

C：しまうまは、⑤段落と⑥段落です。

T：どちらも二つの段落を使って書いていますね。二つ目の問いは何ですか。

C：「どのようにして大きくなっていくのでしょう」です。

T：その答えはどこですか。

C：ライオンが④段落で、しまうまが⑦段落に書いてあります。

C：一つ目の問いの答えは、ライオンもしまうまも二つずつあって、二つ目の問いの答えは、ライオンもしまうまも一つずつの段落で書いてあります。

T：いいところに気がつきましたね。この説明文を書いている人は、読みやすいようにわざと揃えているんですね。

たんぽぽのちえ

この説明文でとらえたいフレーム

順序と根拠をとらえる

たんぽぽの花が咲いてからたねを飛ばすまでの様子が順序よく書かれています。順序をとらえながら読むことは、低学年の力として大切なものの一つです。時を表す言葉に着目して、たんぽぽの様子を読んでいきます。

また、たんぽぽがなぜそのような様子になるのか、何のためにそうしているのかをとらえることも、この説明文ではとても大事です。理由をしっかりと読み取ると、たんぽぽのやっていることの意味が分かります。理由を読むには、つなぎ言葉や文末表現に着目するとよいということが学べます。

説明の順序に沿って、たんぽぽの様子をイラスト化したり動作化したりして、内容を具体的に読み取っていくことも有効でしょう。

発問　たんぽぽのちえはいくつ？

たんぽぽの様子を順序よく説明しながら、なぜそのような様子になるのかが書かれています。一つ一つの様子には、たんぽぽのちえが働いています。このちえの数を数えることが、文章のフレームをとらえることであり、内容を理解することです。

たんぽぽのちえ

うえむら　としお

ちえはいくつ？

五つ　四つ　三つ

① 春になると
　黄色いきれいな花がさく

② 二、三日たつと
花はしぼむ
花のじくは、ぐったりとじめんにたおれる

③ たねにえいようをおくっている　←　ちえ1

文章の構成をつかむ

T：たんぽぽのちえは、いくつ書かれていますか。

C：私は五つだと思います。

C：四つです。

T：では、順を追って確かめていきましょう。一番はじめのちえは何ですか？

C：花が咲いた後、じくがぐったりと地面に倒れてしまうことです。

T：これは、たんぽぽのちえと言えますか。

C：言えます。

T：どうして？

C：たんぽぽが枯れてしまったのではなく、たねに栄養を送るために、わざとやっていることだからです。

T：そういうところを見つけるといいんだね。

ちえをどのように数えるかは、本文中に「これがちえです」というようには書いていないので、子どもにとってはなかなか難しい課題になります。本文の内容を読んだ上で、このたんぽぽの様子がちえを使っているのかいないのかを、子どもが判断しないと数えられないのです。

そこで、まずは一つ目をクラス全体で取り上げることで、「何をちえととらえるか」を共通に学ぶ必要があります。たんぽぽが、わざわざやっていることはちえを使っていることなのだという認識をもたせることが大切です。その上で、二番目以降のちえをあらためて見つけさせるようにします。

④ やがて
白いわた毛ができる。
⑤らっかさんのようになる。
わた毛についたたねをとばす。

ちえ2

⑥ このころになると
たおれていた花のじくがおき上がる
ぐんぐんのびていく

ちえ3

T：もう一度、ちえがいくつ書かれているか、数え直してみましょう。
では、二つ目のちえを確かめますよ。
C：私は、わた毛ができるころに、たんぽぽのじくがまた起き上がるところが二番目のちえだと思います。
C：その前に、わた毛がらっかさんのようになっていることもちえだと思います。
T：らっかさんって何？
C：パラシュートみたいなやつです。
T：パラシュートって分かるかな。大きなかさがついていて、空からふわふわゆっくり降りてこられる

⑦わた毛に風がよくあたって、
たねをとおくまでとばせる

⑧よく晴れて、風のある日
らっかさんがひらく
とおくまでとんでいく
ちえ4

⑨しめり気の多い日・雨の日
わた気のらっかさんはすぼむ
たねをとおくまでとばせないから
ちえ5

ちえは、たんぽぽがわざわざやっていること

ようになっています。

(板書にイラスト提示)

これもちえに入れていいですか?

C:これはたんぽぽがわざわざやっていることではないと思います。

C:でも、らっかさんみたいになっているから、たねがふわふわ飛ぶんでしょ。

C:一年生のときに育てたアサガオのたねにはわた毛はついてないので、これもたんぽぽのちえに入れていいと思います。

T:なるほど。それでは入れましょう。その後のちえは?

C:じくが起き上がって、ぐんぐん伸びていくことです。

C:それから、晴れた日にはわた毛を広げて、雨の日はすぼんでしまうところです。

第二段階のフレームリーディング

発問 一番すごいちえはどれ？

ちえの数を数えた後に、一番を選ぶ活動をします。一番を選ぶためには、内容を詳しく読まなければなりません。一つ一つのたんぽぽの様子を想像してその内容を理解し、その上で一番を選ぶことになります。

また、自分と違う一番を選んだ仲間の意見を聞いて、なぜ友だちがそれを選んだのかをよく考えることも大切です。このようなやりとりを通して、説明文の理解を深めていきます。

たんぽぽのちえ　　うえむら　としお

一番《ばん》すごいちえはどれ？

②③　じくをたおして休ませる　ちえ1

←

たねにえいようをおくっている

内容をとらえる

T：たんぽぽのちえの中で、一番すごいちえはどれでしょうか。

C：私は、花が枯れた後に、じくを倒して休ませるところです。たねに栄養を送るためにそんなことをするなんて初めて知ってびっくりしました。

C：私も同じところです。たねを太らせるためにやっていることが分かって、たんぽぽってすごいなと思いました。

⑥⑦　じくがのびる　ちえ3
←わた毛に風がよくあたってたねを
とおくまでとばせるようにしている

⑧⑨　わた毛のらっかさん
晴れの日・・・ひらく
しめり気の多い日・雨の日・・すぼむ　ちえ4
←たねをとおくまでとばせる日はひらく
とばない日はすぼむ　ちえ5

C：私は、倒れていたじくがまた起き上がって、ぐんぐん伸びていくことです。じくを起き上がらせるのは大変だと思います。でも、たねを飛ばすために、たんぽぽが一番頑張っていると思いました。

C：私も、じくが伸びるところです。前に野原でたんぽぽのじくが伸びているところを見たことがあります。わた毛のついたじくは、すごく高くなっていました。周りの黄色い花よりも、ずっと高く伸びていました。それが、ちえだと分かって驚きました。

T：本当にそうなっているのを見たのですね。

C：私は、晴れた日にわた毛を広げて飛ばし、雨の日はすぼんでしまうところです。天気によって、わた毛の様子が違うのがすごいです。

第三段階のフレームリーディング

発問　たんぽぽがちえをはたらかせるのは、何のため？

第一段階、第二段階のフレームリーディングを通して、順序を確かめながら、内容を読んできました。第三段階のフレームリーディングで、文章全体のまとめをとらえます。この文章は、一番最後の段落にまとめが書かれています。何のためにたんぽぽはちえを働かせているのかという、根本的な理由をとらえさせます。そして、それがこの文章のまとめになっていることもおさえるようにします。

たんぽぽのちえ
うえむら　としお

たんぽぽがちえをはたらかせるのは、何《なん》のため？

①花がさく
②じくがたおれる　ちえ1
③たねにえいよう

⑩だんらく
「このように」たねを

文章の要旨をとらえる

T：たんぽぽにはいろいろなちえがあることが分かってきましたね。では、このようにたんぽぽがちえを働かせるのは、何のためなのでしょうか。
C：たねを飛ばすためです。
T：たねが遠くに飛んでいくと、どんないいことがあるの？
C：新しい仲間を増やすことができます。
C：たんぽぽは、自分では動けないから、風に運んでもらうのにちえを使っています。

④白いわた毛ができる
⑤わた毛についたたねを
とばす
（らっかさん） ちえ2
⑥たおれていた花のじくが
おき上がる
ぐんぐんのびていく
ちえ3
⑦たねをとおくまでとばす

とおくまで
とばすため
←
風をつかって
なかまを
ふやすため
いろいろなば
しょに
たくさんのこ
せる

⑧らっかさんがひらく
とおくまでとんでいく ちえ4
⑨わた毛のらっかさんはすぼむ
ちえ5

C：動けないと、自分の仲間は、すぐ近くにしか増やせません。でも、風で遠くに行ければ、広いいろいろな場所に仲間を増やすことができます。

T：それは、どの段落を読むと分かりますか。

C：⑩段落です。

C：⑩段落は、「このように」がついていて、まとめになっています。

T：でも、わざわざじくを倒して、たねに栄養を送らなくてもいいんじゃないの？　なぜたねを太らせるの？　たねが太ったら、重くなって遠くまで飛ばないよ。

C：たねに栄養がないと、大きなたんぽぽに育たなくて、次のたねを飛ばすときに、じくが伸ばせなくて遠くに飛ばせないのだと思います。

どうぶつ園のじゅうい

この説明文でとらえたいフレーム

事例の順序と意味をとらえる

二年生の説明文の学習は、「順序」をとらえることが大切です。順序には、時間的な順序と、事柄の順序があります。この教材は、時間的な順序に沿って、獣医さんの一日の仕事を紹介しています。「時を表す言葉」に着目しながら、仕事の中身を具体的に理解していくことが大切です。

同時に、仕事の意味をとらえることも必要です。具体的には、獣医さんの仕事の内容として、その日にだけ行われるものと、毎日継続して行われるものとが書かれています。書かれている叙述に即してこの内容の仲間分けをすることで、文章の論の展開が本当に理解できたと考えます。

第一段階のフレームリーディング

発問　獣医さんは、この日にいくつ仕事をしている？

説明文の具体的な事例を読み、理解するためには、「数える」活動が有効です。「はじめ―なか―おわり」で構成されている説明文の「なか」を読んだときに、そこに紹介されている内容を、「いくつ」と数えるかを考えることで、その内容を理解することになるのです。

どうぶつ園のじゅうい
うえだ　みや

じゅういさんのしごとはいくつ書かれているかな？

4　5　6　7　8

★①ある日のしごとを書いてみましょう
◆②朝　見回り・・・　しごと？
〇③見回りがおわるころ・・・　いのしし
〇④お昼前・・・　にほんざる
〇⑤お昼すぎ・・・　ワラビー
〇⑥夕方・・・　ペンギン
◆⑦一日のしごとのおわり・・・日記
？⑧どうぶつ園を出るとき・・・おふろ

事例の数をとらえる

T：獣医さんの仕事はいくつ書かれていますか。
C：四つです。
C：七つです。
T：四つから八つまで、いろいろ出てきましたね。
T：一番はじめの仕事に○をつけてください。
C：①段落の、「ある日のしごと」です。
C：それは数えません。この後に書いてあるのが仕事の中身だから。
C：はじめは、朝の見回りです。
C：最後は、夕方のペンギンです。
C：その後の日記も仕事じゃないの？
C：だったら、動物園を出るときのお風呂も仕事に入れると思います。
C：人間に病気をうつさないようにするのも獣医さんの仕事だと思うから。

数える活動をすると、子どもは読解力の高い低いにかかわらず、全員参加するところから学習を出発することができます。数えて「いくつ」という自分なりの答えをもつことで、自分の読みの立場をもつことになります。そして、そこで出される数は、必ずしもクラス全員が一致するとは限りません。むしろ、違う数が出てくる場合が多いものですが、むしろその方がいいのです。数が違えば、そのズレはどうして起きたのかを確かめようとします。そこであらためて子ども達は、文章を丸ごと読み直そうとします。

ここでは、①段落に書かれている「ある日のわたしのしごとのことを書いてみましょう」が、その後の具体的な仕事をまとめているので、①段落に書かれている仕事は、数えないことを確かめます。あとは、日記を書く⑦段落に、「一日のしごとのおわりには」と書かれているので、この説明文を書いている人（筆者）は、日記まで仕事に入れて考えているということを、本文の叙述をもとにとらえさせます。

そうなると、お風呂に入ることは仕事に入れるのか入れないのかで意見が分かれたままになるでしょう。クラスの意見が全員一致で決まれば、入れる、入れないを仮に決めてもかまいませんが、意見が分かれていて、全員が納得してないようなときには、ここでは結論を出さなくてもいいと考えます。この課題意識が、第二段階のフレームリーディングにつながるからです。

第二段階のフレームリーディング

発問　仲間はずれの仕事はどれ？

第一段階のフレームリーディングでおさえるべきことは、獣医さんが一日の時間の流れの中で仕事を紹介していることでした。第二段階のフレームリーディングでは、第一段階の話し合いを通して生まれてきた課題の解決のために、詳しく読んでいく活動を設定します。

なかまはずれのしごとはどれ？

◆おふろに入ること

・ほかのしごとは、どうぶつのため

おふろは人のため

↓

毎日していること・・・だいじなしごと？

毎日していること

②朝の見回り

⑦日記

（⑧おふろ）

この日だけのしごと

③いのしし※

④にほんざる※

⑤ワラビー※

⑥ペンギン

事例の内容をとらえる

T：お風呂に入ることは、獣医さんの仕事には入らない仲間はずれなのかな？　獣医さんの仕事は仲間分けできるということ？

C：日記を書くのも違う仲間です。

C：どうして？

C：いのししやペンギンの治療は、そのときだけのことだけど、日記は毎日書くから。

C：お風呂と同じだ。

C：お風呂も「かならず」って書いてある。

C：それなら、朝の見回りも「毎日」だよ。

T：獣医さんがしている仕事には、毎日やることと、その時その時で変わることとがあるんだね。

一年生
二年生
三年生
四年生
五年生
六年生

C：でも、いのししの赤ちゃんのことは、次の日もその次の日も見てあげないとだめ。
C：さるやワラビーもその日だけでは終わらない。

仲間はずれを考えると、獣医の仕事の内容を具体的に想像するようになります。すると、毎日行っていることと、その場の動物の状態やアクシデントに対応して行うこととの二種類の仕事があることに気づきます。これが、見えているもの（叙述）から、見えないものをつないでいく創造的思考です。

また、お風呂に入ることは、仕事に入れるか入れないかという問題は、前時の仕事を数える学習の中で出てきたものですが、なぜ仲間はずれなのかを考えることに意味があります。お風呂に入ることだけは、動物のためではなく、人間のためであることが分かります。そうすると、反対に、人間の病気を動物たちにうつさないための工夫もしているのではないか、と考える子どもも出てきます。実際に動物園の「ふれ合いコーナー」などに入るときには、手を洗ったり、靴を履いたまま消毒液の入った容器を通ったりすることがあります。本文の中には書かれていないことでも、書かれていることをもとに考えていくことができます。

発問 一番大切な仕事はどれ？

獣医の仕事が見渡せたところで、今度は、「一番」を選びます。この仕事の中に、一番という正解は実際にはありません。しかし、子ども達が一番だと思って選ぶことで、本文の叙述を根拠にして、仕事の内容を再認識することになります。これは詳細な読解です。いろいろな一番が意見として出され、その理由を子ども達がお互いに考え合うことができればよいのです。

事例の内容をとらえる

T：獣医さんはいろいろな仕事をしていることが分かりましたね。では、その中で一番大切な仕事はどれでしょうか。

C：私は、毎日日記を書くことだと思います。

C：私も、○○さんと同じで、日記です。わけは、その日にあったことを書いておくと、この次の役に立つからです。

C：私は、お風呂に入ることだと思いました。どうしてかというと、動物の病気を人間にうつしたら大変だと思ったからです。

C：朝の見回りだと思います。見回りして、動物の様子を見ることが一番大切だと思います。

T：獣医さんは、何時から見回りをしていると思いますか？

いちばん大切なしごとはどれ？

［日記を書く］
こんど何《なに》か
あったときの
ヒントになる

［おふろに入る］
どうぶつの
びょうきを人に
うつさないように

［朝の見回り］
・おきゃくさんたちが来《く》る前《まえ》に、どうぶつが元気かしらべる。
（どうぶつ園がはじまる前《まえ》）
元気などうぶつを見てもらうため
・朝○時からはじめる

C：九時？

C：それじゃあ動物園が始まっちゃうよ。もっと朝早くないと。お客さんが来る前だもの。

C：獣医さんは早起きじゃないとだめだね。

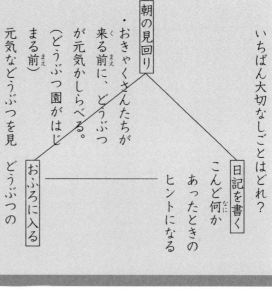

「一番大切な仕事はどれか」を考えると、結局獣医さんが毎日していることだということに気づきます。獣医さんは、毎日ただ何となく動物園を見回りしているわけではないのです。動物たちが、動物園という限られたスペース、生きていくための範囲の中で、少しでも安全に、快適に過ごせるように日々働いているのが獣医さんであることが分かります。

さらに、獣医さんの姿は、動物園ではなかなか見ることができません。これは、獣医さんが行っている動物たちの観察は、動物園の開園前から行われているからでしょう。開園後に具合の悪い動物を見つけたのでは、お客さんの目にその姿が映ってしまいます。最後の段落にある「長い一日」とは、本当に朝早くから始まっているのだということにもふれられればと思います。

第三段階のフレームリーディング

発問　動物園で仕事をしている人は、獣医さんだけかな？

この説明文は、獣医さんの仕事を紹介するために書かれていますが、その仕事ぶりが書かれている段落の中に同じようにたくさん登場する人がいます。それは、飼育員さんです。獣医さんは、一人で仕事をしているわけではないのです。けがをしたり、なにかおかしなものを飲み込んでしまったりした動物を見つけるのは、飼育員さんです。動物たちのために、飼育員さんと力を合わせて仕事をしていることにまで気づけたら、この説明文の読み方がさらに深まったと言えるでしょう。

どうぶつのためにはたらいているのは
じゅういさんだけ?

しいくいんさん
③だんらく
いのししのおなかに赤ちゃんがいるか
しらべてもらいたい
(えさをたべさせている)
④だんらく
にほんざるにくすりのはいったえさ
⑤だんらく
ワラビーのはをなおす
(三人のしいくいんさんがおてつだい)
⑥だんらく
しいくいんさんが、ボールペンをのみこんだペンギンを見つけた

フレームをとらえ直す

T:動物園で、動物たちが元気に過ごせるように働いている人は、獣医さんだけかな?
C:飼育員さんもいます。
T:飼育員さんが出てくる段落はいくつありますか?
C:③段落、④段落、⑤段落、⑥段落の四つです。
C:いつも飼育員さんと一緒に治したり、薬を飲ませたりしています。
C:ペンギンがボールペンを飲み込んだのも、飼育員さんから獣医さんに教えています。
T:飼育員さんは、どの動物のお世話をするか、きまっているんですよ。
C:獣医さんは、飼育員さんと一緒に力を合わせて動物たちを守っているね。
C:飼育員さんも、最後は日記を書いたり、お風呂に入ったりしているかも。

めだか

この説明文でとらえたいフレーム

二つの本論をとらえる（意味段落のまとまり）

中学年の読むことの学習のポイントに、「段落相互の関係」があります。形式段落がいくつかまとまって、一つの意味段落をつくりますが、どこからどこまでが一つの意味段落を構成しているかを読んでいく力をつける必要があるということです。

「めだか」は、大きく二つの意味段落から構成されています。一つは「敵からの身の守り方」で、もう一つは「自然の厳しさに耐える体の仕組み」です。この二つの意味段落のまとまりをとらえ、それらが、最後のまとめの段落でしっかりと受け止められていることが分かるように授業を展開する必要があります。

第一段階のフレームリーディング

発問

この説明文を絵本にすると、何冊になる？

めだかは、子ども達にもなじみのある魚でしょう。種類によっては絶滅危惧種にもなっていますが、国語科の本質からすると、説明文を読んで、めだかに詳しくなるだけではだめです。もちろん、めだかについて、子ども達が興味関心をもち、主体的に文章を読もうとすることには意味があります。その上で、説明の仕方の工夫や、そこで使われている言葉のつながりをとらえることが国語科の読みの学習として重視されなければなりません。

まずは、大きな意味段落のまとまりをフレームとしてもつ学習から始めます。

本論のまとまりをとらえる

T：この説明文の内容をもとに絵本をつくるとしたら、何冊の絵本ができますか？

C：八冊できると思います。

C：四冊できると思います。

C：二冊できます。

T：いろいろな意見が出てきましたね。では、一番たくさんの絵本ができる八冊と数えた人は、一冊めはどの段落を絵本にしようと考えましたか。

めだか　杉浦《すぎうら》　宏《ひろし》

めだかの絵本は何さつ作れる？

八さつ　四さつ　二さつ

（歌）

・めだかのしょうかい
・てきから身を守る
・体のしくみ

C：一冊めは、めだかの紹介で、二冊目は敵の紹介、三冊目は、第一の身の守り方……。

C：身の守り方は、一冊にまとめました。

T：めだかが敵から身を守るという話が書かれていましたね。

第二段階のフレームリーディング

絵本をつくるという発想で、第一段階のフレームリーディングで、本文の内容を大まかにとらえ、フレームをつくりました。第二段階では、それらの内容をさらに詳しく読みながら、大切なことをおさえていきます。

発問　めだかの身の守り方はいくつ書かれている？

めだか　杉浦《すぎうら》　宏《ひろし》

めだかの身の守り方はいくつ書かれている？

四つ。すぐ分かるのはなぜ？

筆者は同じように書いている

文末表現

ナンバリング

・第一に・・水面近くでくらして、身を守ります。

・第二に・・すばやく泳いで、身を守ります。

中心文をとらえる

T：めだかの敵からの身の守り方はいくつ書かれていますか。

C：四つです。

T：どうしてそんなにすぐ分かるの？

C：第一に、第二に……第四にまで書かれているから。

T：なるほど。そのような書き方を「ナンバリング」と言います。

身の守り方はどのような守り方ですか。分かるところに線を引きましょう。

（子ども達が各自でサイドラインを引いてから発言）

・第三に・・水をにごらせ、身を守ります。

・第四に・・何十ぴきもあつまって泳ぎ、身を守ります。

中心文←
筆者は、段落《だん》のはじめにそろえて書いている

筆者は、読む人に分かりやすいように書き方をそろえている

C：第一に、水面近くでくらして、身を守ります。

C：第二に、すいっ、すいっとすばやく泳いで、身を守ります。

T：線を引いたところを読むと、めだかの身の守り方がすぐに分かりますね。今線を引いた文を「中心文」と言います。線を引いたところを比べて、気がついたことはありますか？

C：全部段落の一番初めの文に線が引かれています。

T：そうだね。それぞれの段落の初めに、中心文があると言うことですね。筆者はわざわざ中心文をそろえて書いているのです。

C：文の終わりが、全部「身を守ります」で終わっています。

T：文の終わりを「文末表現」と言います。これも、筆者は、読む人に分かりやすいように、わざわざそろえて書いていますね。

発問

体の仕組みはいくつ書かれている?

⑩段《だん》落 →

夏の間

何日も雨がふらないと・・・

中心文

めだかは、四十度近くまでは、水温が上がってもたえられます。

対比

⑪段《だん》落 ←

一方

雨がたくさんふって大雨になると

中心文

めだかの体は、真水に海水の

対比をとらえる

T:では、自然の厳しさに耐える体の仕組みはいくつ書かれていますか? 今度はナンバリングがないから難しいかも。

C:二つです。

T:どうやって数えたのかな?

C:一つ目は、雨が降らないときの話で、二つ目が大雨のときの話になっています。

C:二つ目の前には「一方」と書いてあるので、ここから違う話だと分かります。

C:雨が降らないときと大雨が降るときで対比になっています。

T:そうですね。では、どのような体の仕組みが書かれているか、中心文を見つけて線を引いてみましょう。

C:⑩段落の中心文は、「めだかは、四十度近くまで

まざる川口《かわぐち》の近くでも
たえられるようにできています。

文章《しょう》の始《はじ》めに大事《じ》なところがある
← とうかつがた
「あたま型《がた》」

文章《しょう》の終《お》わりに大事《じ》なところがある
← びかつがた
「おしり型《がた》」

は、水温が上がってもたえられます。」だと思います。

C：⑪段落は、「めだかの体は、真水に海水のまざる川口の近くでもたえられるようにできています。」のところだと思います。

C：気がついたことがあります。どちらも、今度は段落の後ろの方に中心文があります。

T：なるほど。

C：文末表現も、まったく同じではないけれど、「たえられます」と「たえられるようにできています」で似ています。

T：そうだね。ここでも筆者は、読む人に分かりやすいようにそろえて書いているんだね。
段落の前の方に大事なまとめ・中文がある文章を、難しい言葉では頭括型と言うんだけど、「あたま型」と覚えると分かりやすいね。段落の後ろの方に中心があるのは尾括型と言いますが、「おしり型」とでも言いましょうか。

第三段階のフレームリーディング

発問

『めだかの学校』の歌は、段落に入れるか入れないか？

この説明文は、『めだかの学校』という童謡の歌詞から始まっています。この歌は、ただのおまけとしてついているのか、それとも、筆者にはきちんとした意図があるのかを子ども達に考えさせます。筆者に意図があるのは、最後の段落を読むと明らかです。ですから、この歌詞は、①段落として位置づけることができるのです。

説明文はすべてがつながっています。そのつながりを見抜く力をつけていくことが、説明文の読みの力をつけていくことであり、創造的・論理的思考力を高めていくことです。

めだか

杉浦《すぎうら》　宏《ひろし》

①段《だん》落
歌『めだかの学校』・・・「おゆうぎ」
⑫段《だん》落と
つながっている
②段《だん》落
めだかのしょうかい

▼言葉のつながりを論理としてとらえる ……

T：最初に書かれている『めだかの学校』の歌詞は、ただのおまけでついているのかな？
C：違うと思います。
T：おまけではない証拠はあるかな？
C：最後の⑫段落に証拠があります。
C：見つけた。⑫段落に「おゆうぎ」という言葉が書かれています。

③段《だん》落
めだかのてきのしょうかい
④段《だん》落　問い
⑤～⑧段《だん》落
てきからの身の守り方

いろいろな方法《ほう》でてきから身を守り

⑨段《だん》落　つなぎ

⑩・⑪段《だん》落
体のしくみ

自然のきびしさにたえながら
生きているのです

C：筆者は、この歌と、⑫段落がつながるように　書いていると思います。

T：そうか、そうすると、歌はただのおまけではなくて、この説明文の一段落目と考えることができるね。説明文は、ちゃんとつながっているんだね。では、⑫段落の言葉と、他につながっている段落はあるかな？

C：⑫段落の「いろいろな方法でてきから身を守り」が、⑤段落から⑧段落までの身の守り方につながっています。

C：敵の話は、③段落からつながっているよ。

C：「自然のきびしさにたえながら」は、⑩と⑪段落につながっています。

T：そうすると、とちゅうの⑨段落は、どこにもつながっていないのかな？

C：両方につながってる！

T：そうだね。このような段落を、「つなぎの段落」と言うことがありますよ。

こまを楽しむ

この説明文でとらえたいフレーム

本論と結論のつながりをとらえる

『こまを楽しむ』は、「はじめ―なか―おわり」の構成が分かりやすく、読みやすい文章です。三年生の時期に、このような基本的な構成の文章をしっかりと読み、説明文のフレームを頭に入れていくことは、今後の読むこと・書くことの学習において有効に働くことでしょう。

特に、「なか」の具体的な事例の内容と、「おわり」で使われる言葉の対応について、しっかりとつなげて読むことが大切です。説明的文章は、すべてがつながっているのです。このことを意識しながら読むことで、見えなかったものが見えてくるはずです。

第一段階のフレームリーディング

発問 **こまは何種類紹介されている?**

具体的な事例をとらえる発問に、「数える」ことが挙げられますが、「いくつ?」という発問と、

「何種類？」という発問では大きく違います。「いくつ？」という発問の答えはかなり限定されてきますが、「何種類？」という発問は、読み手である子どもが、どのような目のつけどころ（観点）を設定するかによって、かなり数が変わってきます。そして、観点がはっきりしていて、その数え方が間違えていなければ、いろいろな数の種類分けが可能で、答えとして出てきた数に間違いはないことになります。ですから、発問するときには、子ども達に何を学ばせたいのか、どのような答えが返ってきそうかを考えておくことが必要になります。

こまを楽しむ

安藤《あんどう》　正樹《まさき》

こまは何しゅるいしょうかいされている？

6しゅるい　3しゅるい　2しゅるい

②色がわりごま
③鳴りごま
④さか立ちごま
⑤たたきごま
⑥曲《きょく》ごま
⑦ずぐり

事例の数をとらえる

T：こまは何種類紹介されていますか？

C：六種類です。

C：色がわりごまと、鳴りごまと、さか立ちごま、たたきごま、曲ごま、ずぐり、です。

C：三種類だと思います。

T：三種類と数えた人の気持ちが分かるかな？

C：色がわりごまと、鳴りごま、さか立ちごまで一種類、たたきごまが違う一種類、曲ごまとずぐりが一種類だと思います。

C：二種類もあると思います。曲ごまだけ、違う種類に数えました。

一年生
二年生
三年生
四年生
五年生
六年生

発問 それぞれのこまは、どんなこまなのか？

紹介されているこまが、それぞれどのように説明されているかを確かに読むためのフレームリーディングです。説明の仕方を見渡すと、そこにはやはり筆者の意図が見えてきます。

こまを楽しむ

安藤《あんどう》 正樹《まさき》

②色がわりごま
回っているときの色を楽しむこまです。
文末表現

③鳴りごま
回っているときの音を楽しむこまです。

④さか立ちごま
とちゅうから回り方がかわり、
その動きを楽しむこまです。

事例の書きぶりをとらえる

T：それぞれのこまは、どんなこまでしょう。こまの紹介が書かれているところに線を引きましょう。

（各自で線を引いてから発表し合う）

T：では、〇〇さんから、線を引いたところを教えてください。

C：「色がわりごまは、回っているときの色を楽しむこまです。」のところに線を引きました。

C：私は、鳴りごまについて、「鳴りごまは、回っているときの音を楽しむこまです。」のところに線を引きました。

C：私は、「さか立ちごまは、とちゅうから回り方がかわり、その動きを楽しむこまです。」に線を引

安藤正樹「こまを楽しむ」『国語　三上　わかば』（光村図書・平成27年度版）

⑤たたきごま
たたいて回しつづけることを
楽しむこまです。

⑥曲《きょく》ごま
おどろくような所で回して、
見る人を楽しませるこまです。

⑦ずぐり
雪の上で回して楽しむこまです。

きました。

T：三つのこまについて、線を引いたところを比べて、気がついたことがありますか？

C：全部「楽しむこまです」が入ってます。

C：三つとも、段落のはじめに線が引かれています。

C：「色」「音」「動き」を楽しむと書かれています。

T：なるほど。

C：曲ごまは、「おどろくような所で回して、見る人を楽しませるこまです」に線を引きました。

C：曲ごまだけ「楽しませる」になっています。ほかのこまは全部「楽しむ」なのに。

T：前の授業で、こまは何種類紹介されているか数えたときに、○○さんは、曲ごまだけ違う種類に分けていましたね。それは、こういうこと？

C：そうです。

第二段階のフレームリーディング

発問　一番回してみたいこまは？

フレームリーディングの手法の一つに、「選ぶ」という切り口があります。特に、「一番はどれ？」という発問によって、大きな枠組みの中から、自分なりの視点や根拠をもって選ぶ、詳細な読みにつながるので、とても有効です。自分なりの一番を選んで、人に伝えるためには、理由が必要です。他の人が聞いて、「なるほど」と思えるような理由を、自分の中で見つけられるかが、大切なポイントになります。

こまを楽しむ

安藤《あんどう》　正樹《まさき》

一番回してみたいこまはどれ？

色がわりごま
いろいろな色を楽しめる

根拠をもって選ぶ

T：種類分けをしながら、紹介されているこまについて読んできました。このこまの中で、一番回してみたいこまはどれですか？

C：私は、鳴りごまです。回したことがないので、どんな音がするのか、聞いてみたいと思ったからです。

C：私は、たたきごまです。こまをたたきながら、回し続けるなんて、面白そうだからです。

鳴りごま

どんな音がするのか聞いてみたい

たたきごま

たたいて回すのが楽しそう

自分でどこまでたたいて回しつづけられるか

曲《きょく》ごま

ひもの上、せんすの上……

ちょうせんしたい

ずぐり

雪の上で回してみたい

C：私もたたきごまです。自分がたたいても回り続けるのか、やってみたいと思います。

C：私は、ずぐりです。雪の上で回せるなんてとても面白いと思いました。

C：○○さんと同じで、ずぐりです。雪の上で回してみたいと思いました。

C：今までの意見とは違って、曲ごまを回してみたいと思います。曲ごまは、テレビで見たことがあります。ひもの上や扇子の先などで回していました。こんなところで回せるなんてすごいと思います。一度挑戦してみたいと思いました。

C：私は色がわりごまです。

T：□□さんは、色がわりごまを選びました。□□さんがどうして色がわりごまを選んだか、気持ちが分かる人いますか?

C：色はたくさんあって、きれいなものだから、□□さんは、回してみたいのだと思います。

T：いろいろな色を楽しめると思ったのかな。

第三段階のフレームリーディング

発問　一番大事な段落は？

第二段階のフレームリーディングとは違う一番を選びます。第二段階の一番は、読み手にとっての一番でした。ですから、読み手は主観的に判断し、自分にとっての一番を選ぶことができます。今回の一番は、「筆者の一番伝えたい段落」を選ぶので、これには客観的な証拠が必要になります。

どのような言葉が使われているからこの段落だ、という筆者が意図的に使っている言葉を根拠にして、一番大事な段落を選ぶと、説明文全体のつながりが見えてきます。

こまを楽しむ　安藤《あんどう》　正樹《まさき》

一番《ばん》大事《じ》な段《だん》落はどれ？

⑧段落　このように（まとめの目じるし）

はじめ　①日本は、世界でいちばん

▼論のつながりととらえる

T：筆者が一番言いたい大事な段落はどれですか？

C：最後の⑧段落だと思います。

T：⑧段落が大事だという証拠はあるかな？

C：「このように」があります。

T：「このように」は、まとめの目印だったね。

C：「日本には、さまざまなしゅるいのこまがあります」というのは、今までのいろいろなこまをまとめている言い方です。

こまのしゅるいが多い国

なか

回る様子を楽しむ
②色がわりごま
③鳴りごま
④さか立ちごま

回し方を楽しむ
⑤たたきごま
⑥曲《きょく》ごま
⑦ずぐり

おわり

このように（まとめの目じるし）
・回る様子・回し方を楽しむ
・つくりは同じ
いろいろくふうしてきた
・いろいろなこまがある

C：「回る様子や回し方で」と書かれていて、筆者は回る様子と回し方を楽しむこまを紹介していることが分かるので、⑧段落がまとめになっていると思います。

T：最初にみんなが、何種類のこまが紹介されているか数えましたね。いろいろな考えが出てきたけれども、筆者は二種類に分けて紹介していることが分かりますね。

C：「回る様子」を楽しむこまが、色がわりごまと、鳴りごまと、さか立ちごまです。

C：「回し方」を楽しむこまが、「たたきごま」です。

C：「曲ごま」と「ずぐり」も、「回し方」の仲間に入れていいと思います。

C：つくりは同じだけれど、人々がいろいろ工夫してきたからいろいろなこまがあるとまとめています。

C：①段落の、「日本は世界でいちばんしゅるいが多い」につながっています。

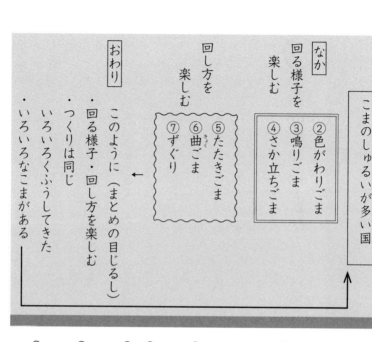

アップとルーズで伝える

この説明文でとらえたいフレーム

段落相互のつながりをとらえる

説明的文章を読むということは、筆者の主張を受け取るということです。つまり断片的な内容を読むのではなく、筆者が伝えたいことを、全体のつながりとしてどのように論じているのかをとらえることが大切なのです。

『アップとルーズで伝える』は、「アップ」と「ルーズ」の使い分けのことが書かれていますが、別の面から見ると、「伝えたいことを、どのようにして伝えるか」ということが書かれている文章であると考えることもできます。

第一段階のフレームリーディング

発問

「アップ」と「ルーズ」は、いくつ？

題名は「アップとルーズで伝える」です。では、文章中には、どのような言葉が何回出てくるでしょうか。それが文章の構成とどのように関わっているのでしょうか。第一段階のフレームリーディングでは、「アップ」と「ルーズ」を数える活動を通して、文章全体の構成を大枠としてとらえる活動をします。

アップとルーズで伝える

中谷《なかや》 日出《ひで》

段《だん》落	アップ	ルーズ
①		
②		
③	2	2
④	3	
⑤		1
⑥	2	2
⑦	1	1
⑧	1	1

キーワードをとらえる

T：文章を音読しましたね。何か、気づいたことはありますか。

C：「アップ」と「ルーズ」という言葉が何回も出てきます。

C：何回出てきましたか。

C：アップが9回、ルーズが7回出てきます。

T：アップの方が多いですね。段落ごとに確かめていきましょう。

C：①と②段落は、どちらも出てきません。

C：③段落で、「アップ」と「ルーズ」という言葉を説明しています。

T：「アップ」とは何か、「ルーズ」とは何か、という説明を「定義づけ」といいます。

C：あとは、⑥⑦⑧段落では、出てくる回数が同じです。

第二段階のフレームリーディング

発問　一番大事な「アップ」と「ルーズ」は、どの段落のもの?

「一番の段落を選ぶ」ためには、それぞれの段落の内容を詳細に読まなければなりません。そして、選ぶことは、役割をとらえることにつながります。子どもは、「まとめの段落だから大事」とか、「問いの段落だから大事」などと根拠をもちます。一番の段落を選ぶことで、いろいろな段落の役割が見えてくることをねらっているわけです。

アップとルーズで伝える　中谷《なかや》　日出《ひで》

一番大事なアップとルーズが書かれている段落は?

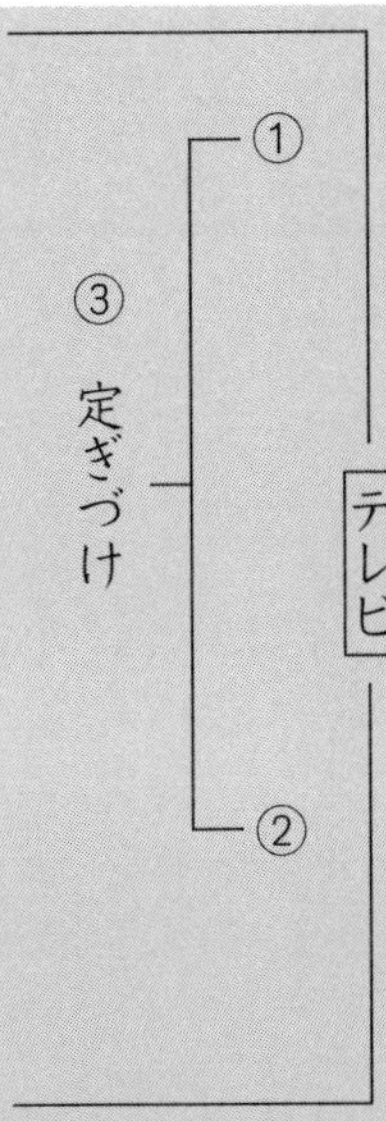

段落の役割をとらえる

T：アップとルーズという言葉が、文章中に何回も使われていることが分かりました。では、その中で、一番大事なアップとルーズは、どの段落に書かれているアップとルーズでしょうか? 段落を一つ選んで印をつけましょう。

C：私は、③段落のアップとルーズが大切だと思います。わけは、前の時間に勉強したように、③段落には、アップとルーズの定義づけがされているからです。

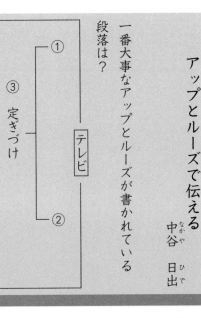

④
⑤
⑥「このように」
アップとルーズのまとめ？

⑦ 新聞

⑧「テレビでも新聞でも」
筆者の言いたいことが
書かれている？

C：私は、⑥段落のアップとルーズが大切だと思います。理由は、⑥段落のはじめに「このように」と書かれているので、この段落がアップとルーズのまとめになっていると思うからです。

T：⑥段落がまとめなら、⑦と⑧段落はいらないということですか。

C：私は、最後の⑧段落のアップとルーズが一番大切だと思います。筆者は、この段落が、一番言いたい段落だと思います。

C：私も、最後の⑧段落を選びました。どうしてかというと、「テレビでも新聞でも」と書かれていて、今までの説明を全部まとめていると思ったからです。

T：確かめておきますが、テレビの話は、どこからどこまでですか。新聞の話はどこに出てきますか。

一年生
二年生
三年生
四年生
五年生
六年生

発問

⑦段落は必要か？　いらないか？

第二段階のフレームリーディングの一つ目の発問で、一番大事なアップとルーズを選んだときに、⑧段落が一番であるという意見が出てきました。これは、たいてい出てくる意見ですが、⑧段落が一番大事であるという根拠を考えることは、この文章全体の構成をとらえる上でとても大事です。なぜ、「このように」が使われる⑥段落よりも、⑧段落の方が大事なのかを考えさせます。

①段落から⑥段落までのテレビの事例と、⑦段落は同じ比重で書かれているのです。それを受けて、⑧段落で「テレビでも新聞でも」という言葉から始まっています。

また、⑧段落には、それまで出てこなかった「受け手」と「送り手」という言葉が使われています。言い換えると、「受信者」と「発信者」です。この「受け手」「送り手」という視点で文章を読み返すことが必要で、そうした読み方が「多面的に読む」という一つの具体的な手法になります。

段落構成をとらえる

T：前の時間に、テレビについて書かれている段落は、①段落～⑥段落だと確かめました。そして、新聞について書かれている段落は⑦段落だけだということも分かりましたね。この⑦段落は、この文章に本当に必要なのでしょうか？　たった一つの段落で、新聞について書いてありますが。

テレビ

アップとルーズで伝える

中谷《なかや》　日出《ひで》

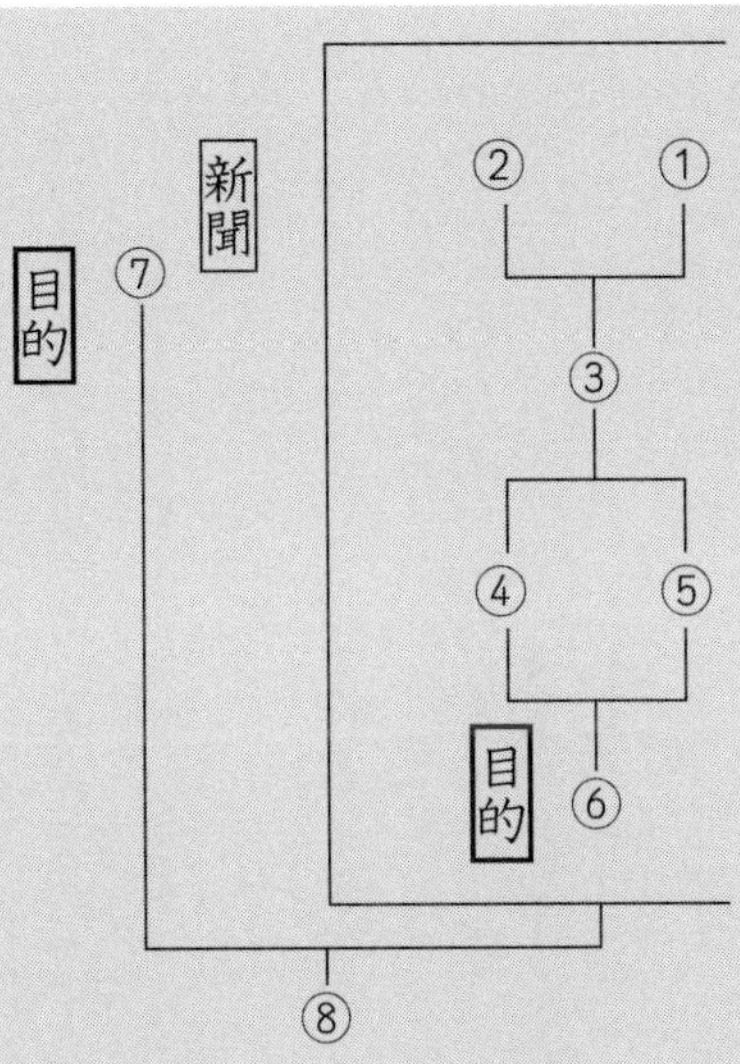

⑥「このように」・・・
テレビについてのまとめ

⑧「テレビでも新聞でも」・・・
全体のまとめ

C：私は、必要だと思います。前の時間に○○さんが言っていたように、⑧段落に「テレビでも新聞でも」と書かれています。だから、筆者は、新聞のことも言いたいのだと思います。

T：新聞とテレビの違いは何ですか。

C：テレビは、カメラで撮影して、動くけれど、新聞は写真だから、動かない。

C：でも、テレビでも新聞でも、アップとルーズがあります。

T：違いではなく、同じところもあるのですね。

C：⑥段落にも、⑦段落にも「目的」という言葉が使われています。筆者は、⑦段落の新聞でも、目的に合わせて写真を選んでいると言いたいのだと思います。⑥段落の「このように」は、テレビについてのまとめとして使われています。

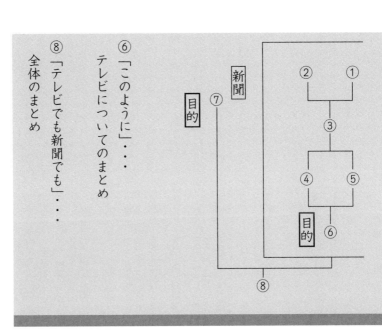

第三段階のフレームリーディング

発問　筆者が言いたいのは「伝える」？「伝わる」？

第一、二段階のフレームリーディングで、文章の構成や役割が見えてきました。最終の第三段階のフレームリーディングでは、筆者の主張に迫ります。前述したように、「受け手」「送り手」という視点で文章を読み直すと、筆者がどちらの立場で文章を書こうとしているのかが見えてきます。それが分かるのが、題名にもある「伝える」です。

この文章は、最初は、「伝わります」「分かります」「伝わりません」「分かりません」という、「受け手」主体で書かれていますが、⑥段落目以降は、「伝えられる」「伝えられない」「伝えたい」というように送り手の立場での文章に変わってきます。最終的には、「目的に合うものを選ぶ」という、送り手の立場でまとめています。筆者は、情報の発信者としての立場で、この文章を書いていることが分かります。第二段階のフレームリーディングで出てきた「目的」とか、⑧段落に出てくる「決めたり、選んだり」という言葉に着目しながら、筆者の主張をとらえることが大切です。

アップとルーズで伝える
中谷《なかや》　日出《ひで》

受け手	送り手

▼筆者の主張をとらえる

T：「伝える」の仲間の言葉はいくつありますか。

C：①段落には「伝わります」があります。

C：②段落と④、⑤段落には、「分かります」「分かり

①	伝わります	
②	分かります	
③		
④	伝わります 分かります 分かりません	
⑤	分かります 分かりません	
⑥		伝えられる 伝えられない
⑦		目的におうじて 伝えたい
⑧	知りたい	目的　選んで 伝えたい 決めたり、選んだり

ません」という言葉があります。

T：「分かる・分からない」も、伝えるの仲間に入れていいですか。

C：⑥段落には、「伝えられることと伝えられないことがある」というように書いてあるので、「分かる・分からない」と仲間でいいと思います。

C：「伝えられる・伝えられない」は、テレビを放送する人で、「分かる・分からない」は、テレビを見る人のことだと思います。

T：なるほど、筆者はどちらのことを最終的には言いたいのですか。

C：この前言っていたように、「目的」に合わせてアップとルーズを選んでいるのだから、放送する人の立場で書いています。

C：受け手が知りたいこと、送り手が伝えたいことが「目的」になると思います。

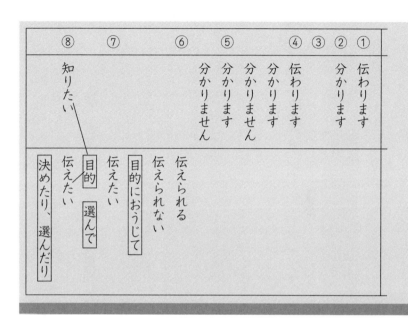

ウミガメの命をつなぐ

この説明文でとらえたいフレーム

大切な言葉（キーワード）を整理しながら要約する

この説明文には、二つの大きな内容が書かれています。一つは、名古屋港水族館で生まれて放流された、一匹のウミガメの話です。そして、もう一つは、名古屋港水族館の研究内容です。二つの内容はもちろん関連し合っているのですが、この文章中には二つの「ウミガメ」が使い分けられて書かれており、それを整理しながら読むことが、内容をとらえることにつながっていきます。大きな二つの内容に即して文章を要約するために、フレームリーディングの手法が有効になります。

第一段階のフレームリーディング

発問 〇〇ちゃんを探せ！

第一段階のフレームリーディングでは、本文に出てくる二つの「ウミガメ」を整理する必要があります。一つは、名古屋港水族館で生まれ、放流されたウミガメ、二つ目は、一般的な「ウミガメ」の総称として使われているものです。とくに、一度放流され、日本近海に戻ってきた「ウミガメ」が、本文中のどこに登場するかを確かめていく必要があります。

ウミガメの命をつなぐ　松田《まつだ》　乾《つよし》

①大きなウミガメ・・［かめ子ちゃん］
一ぴきのウミガメ
②このウミガメは・・名古屋港《なごやこう》水族館生まれ
ウミガメが二才の時に・・・田原市で放流
（十三年後に長崎《ながさき》の海でつかまえる）
⑪長崎《ながさき》の海でつかまえられた・・・タグ
⑱まだ、たまごを産んだことのない［メス］
⑲このウミガメをもう一度放流
つかまえた海の近くで

使われている言葉を整理する

T：名古屋港水族館から運ばれてきたウミガメにクラスで名前をつけましょう。何という名前にしますか。

C：かめ吉がいいと思います。

C：かめ子がいいと思います。

T：男の子の名前は困ります。女の子のかめ子ちゃんにしましょう。この説明文には、かめ子ちゃんは何回出てきますか?

C：七回出てきます。

C：①②段落と、⑪、⑱、⑲段落に出てきます。

C：⑱段落に、「長崎の海でつかまえたウミガメを調べると、まだ、たまごを産んだことのないメスでした」と書かれています。

C：だから、女の子の名前じゃないとダメだったんだ。

第二段階のフレームリーディング

発問 **名古屋港水族館の取り組みはいくつ？**

名古屋港水族館の研究については、大きく二つの意味段落で書かれています。一つは、たまごの産卵・ふ化の研究です。二つ目は、たまごからかえったウミガメを海に放流し、その行動をさぐることです。この大きな二つの研究の取り組みが、それぞれどこからどこまで書かれているか、意味段落ごとに整理すると、内容が見えてきます。

ウミガメの命をつなぐ　松田《まつだ》 乾《つよし》

名《な》古《ご》屋《や》港《こう》水族館の研究（一九九二開館）

⑤ウミガメの研究

⑥ **まず** たまごを産ませかえす	⑩ **また** 子ガメを海に放流

意味段落のつながりをとらえる

T：名古屋港水族館は、ウミガメについて、いくつの研究をしてきましたか。

C：二つです。

C：一つは、たまごをかえす研究をしてきました。

T：それは、どの段落に書かれていますか。

C：⑥段落から⑨段落です。

C：⑥段落に、「まず水族館が取り組んだのは」と書かれているので、これが一つ目だと思います。

C：一九九五年に、人工の砂浜でたまごを産み、その

⑦

⑧

⑨一九九五年
・人工のすなはまで
たまごを産む
・産んだたまごをか
えす
（世界初）

⑪タグをつけて

⑫

⑬わからない

⑭放流・送信機

⑮

⑯

⑰行動がわかっ
てきた

たまごをかえすことに成功したと書かれています。

C：「これらは世界初」だから、どちらも世界初のことです。

C：⑩段落には、「また」と書かれているので、ここから次の研究の話になっています。

C：「海に放流する実験にも」と書かれているので、たまごの実験・研究とは違っていると思います。

C：私は、もう一つ研究があると思います。

C：⑭段落に、「ウミガメのせなかに送信機をつけて放流する実験を始めました」と書かれているので、新しい実験をしていると思います。

C：でも、送信機の実験は、放流の研究の第二弾だから、放流は放流で一つにまとめて、研究の数は全部で二つでいいと思います。

発問

一度捕まえたカメ子ちゃんをなぜ、また放流した？

第一段階のフレームリーディングで、カメ子ちゃんについての段落を整理し、前の時間に、名古屋港水族館の研究内容を整理しました。次は、この二つの内容をつなぐためのフレームリーディングです。名古屋港水族館から、タグをつけて放流されたカメ子ちゃんが、日本近海に帰ってきたことを受けて、今度は送信機をつけての放流の実験をしようとしています。ウミガメがたまごを産むまでにどのような生活をするのかを調査するための放流であることを、⑱段落や⑲段落から読み取ります。

ウミガメの命をつなぐ　松田《まつだ》　乾《つよし》

一度つかまえたカメ子ちゃんをなぜ、
　また放流した？

カメ子ちゃんの生活

一九九六年　名古屋《なごや》港《こう》水族館で
　生まれる

一九九八年　二才の時　放流

★タグをつけて

意味段落の関係をとらえる

T：送信機をつけての放流によって、ウミガメの行動と成長の様子が少しずつ明らかになりましたが、名古屋港水族館は、なぜ、一度つかまえたカメ子ちゃんを、再び放流したのでしょうか。

C：カメ子ちゃんは、一九九六年に名古屋港水族館で生まれたと、②段落に書いてあります。そして、二才の時に放流されました。

T：○○さんの意見の続きが言える人はいますか。

C：計算すると、一九九八年になります。この時は、まだ送信機ではなくて、タグをつけての放流でし

（十三年後）
二〇一一年　長崎の海でつかまる
（名古屋港水族館で育てる）
★まだたまごを産んだことのないメス
だとわかった

←

⑱段《だん》落（ハワイ北西の海から）日本の近くの海にもどってきたウミガメは、どのような生活をするのか？

二〇一二年　四月
長崎県新三重漁港から
放流
★送信機をつけて
※名古屋港水族館にとって新たな取り組み

た。

C：⑪段落に、カメ子ちゃんが、名古屋港水族館が放流したウミガメだということは、タグから分かったと書いてあります。

C：だから、今度は、送信機をつけて、放流することになりました。

T：それは、何のため？

C：⑯段落に、ハワイの北西の海で成長して、日本近海に戻ってくることが送信機で分かったので、それは何のためかとか、どのような生活をしているのかを詳しく調べるためです。

C：⑱段落に、カメ子ちゃんは、まだたまごを産んだことがないメスだと書かれているので、たまごを産むまでの暮らしを調べたいのだと思います。

第三段階のフレームリーディング

発問　⑳段落は必要か？

第三段階のフレームリーディングは、それまでのフレームリーディングを受けて、文章のフレームをさらに深くとらえるためのものです。ここでは、最後の段落に目をつけて、この段落が筆者の主張の段落であり、筆者が読者に伝えたいことは、名古屋港水族館のウミガメの話だけではないことに気づかせます。

ウミガメの命をつなぐ　松田《まつだ》　乾《つよし》

「ウミガメ」が出てこない段《だん》落は、
いらない段《だん》落か？
←
⑩〜⑫段《だん》落　タグをつけての放流
⑬段《だん》落　放流した場所とつかまえた場所
しかわからない
つなぎの段落

筆者の主張をとらえる

T：この文章は、題名にもあるように、「ウミガメ」を守るための取り組みが紹介されていますね。二十ある段落の中で、「ウミガメ」という言葉が出てこない段落が二つあります。⑬段落と⑳段落です。この二つの段落は、なくてもいいですね。

C：だめだと思います。

T：だめだという証拠は文章の中にありますか？

C：⑬段落は、タグの放流で分かったことに対して、それだけではまだ分からないことがあるということ

⑭段落《だん》～　送信機をつけての放流

⑳段落《だん》　水族館には・・・・

（名古屋港水族館は例《れい》）

役わり

多くの人に、さまざまな生き物のすがたやくらしぶりを見せる

もう一つの大事な役わり

生き物の生活の様子を明らかにし、ほごに役立てる

筆者の主張の段落

とを書いています。この後の送信機をつけての放流につなげる、つなぎの段落になっています。

C：⑳段落は、「水族館には」と書かれていて、今までの名古屋港水族館は、一つの例だと分かります。

C：「役わり」という言葉が繰り返されていて、一つは「さまざまな生き物のすがたやくらしぶりを見せる」という役割で、あとは「生き物の生活の様子を明らかにし、ほごに役立てる」ことだと書いています。これが、筆者の言いたいことだと思います。

C：「もう一つの大事な役わりもあるのです」と書いているから、筆者は、このことを一番読む人に伝えたいのだと思います。

T：⑳段落に筆者の主張が書かれていて一番大事な段落なのですね。

生き物は円柱形

この説明文でとらえたいフレーム

大切な言葉（キーワード）から筆者の主張をとらえる

この説明文は典型的な双括型の文章です。また一方では、短い文量の中で「円柱形」という言葉がたくさん繰り返されているために、筆者の主張がどこにあるのか、読み間違いをしやすい文章であるともいえます。文章の構成と、繰り返し出てくるキーワードを使って授業をすると、子ども達に発見のある授業をつくることができます。文章中の言葉がつながって見えたとき、子ども達は「分かった」「そうなのか」という謎が解けたときのような反応を示すことでしょう。

第一段階のフレームリーディング

発問 「円柱形」は何回使われている？

短い文量の中で、「円柱形」というキーワードが繰り返されています。その回数を数えながら、文章を丸ごと読み、さらに板書を通して文章の構成までもとらえていきます。

生き物は円柱形

本川《もとかわ》　達雄《たつお》

円柱形は何回出てくる？　全部で30回

①段《だん》落　1
②段《だん》落　4
③段《だん》落　4
④段《だん》落　1
⑤段《だん》落　5
⑥段《だん》落　2
⑦段《だん》落　2
⑧段《だん》落　5
⑨段《だん》落　4
⑩段《だん》落　2
⑪段《だん》落　0

文章の構成をとらえる

T：この説明文には、同じ言葉が何度も繰り返されていますね。
C：円柱形という言葉が繰り返し出てきます。
T：何回出てきますか。
C：28回です。
C：30回です。
T：分かれましたね。では、段落ごとに確かめてきましょう。
T：①段落目には、円柱形という言葉は何回出てきますか。
C：1回です。
T：②段落目はどうですか。
C：4回です。
T：たくさん出てきましたね。では、③段落目はどうでしょう。（以下同様に進める）
C：最後の⑪段落だけ0回です。

第二段階のフレームリーディング

発問　一番大事な段落の円柱形はどれ？

短い文章の中に30回も出てくる円柱形ですが、その中で一番大事な段落の円柱形はどれかを、子どもに選ばせます。これは、段落の役割を考えさせることにつながります。問いの段落や、問いの答えをまとめた段落など、子ども達は自分の論理で段落を選ぶことでしょう。複数の段落が選定された方が、その段落の役割を考えさせる上では有効です。もしもクラス全員が一つの段落で一致したら、「二番目に大事な段落の円柱形」を選ばせればよいのです。

生き物は円柱形

本川《もとかわ》　達雄《たつお》

一番大事な段《だん》落の円柱形はどれ？

①段《だん》落

「生き物は円柱形だ」→題名と同じ

筆者の主張《ちょう》の段《だん》落？

段落の役割をとらえる

T：30回も文章中に登場する「円柱形」ですが、この中で一番大事な段落に出てくる「円柱形」は、どの円柱形でしょうか？　段落を一つ選んでください。

C：私は、⑩段落の円柱形だと思います。わけは、⑩段落は、円柱形が強くて速いという、まとめになっているからです。

C：私も⑩段落の円柱形だと思います。⑩段落は、⑥

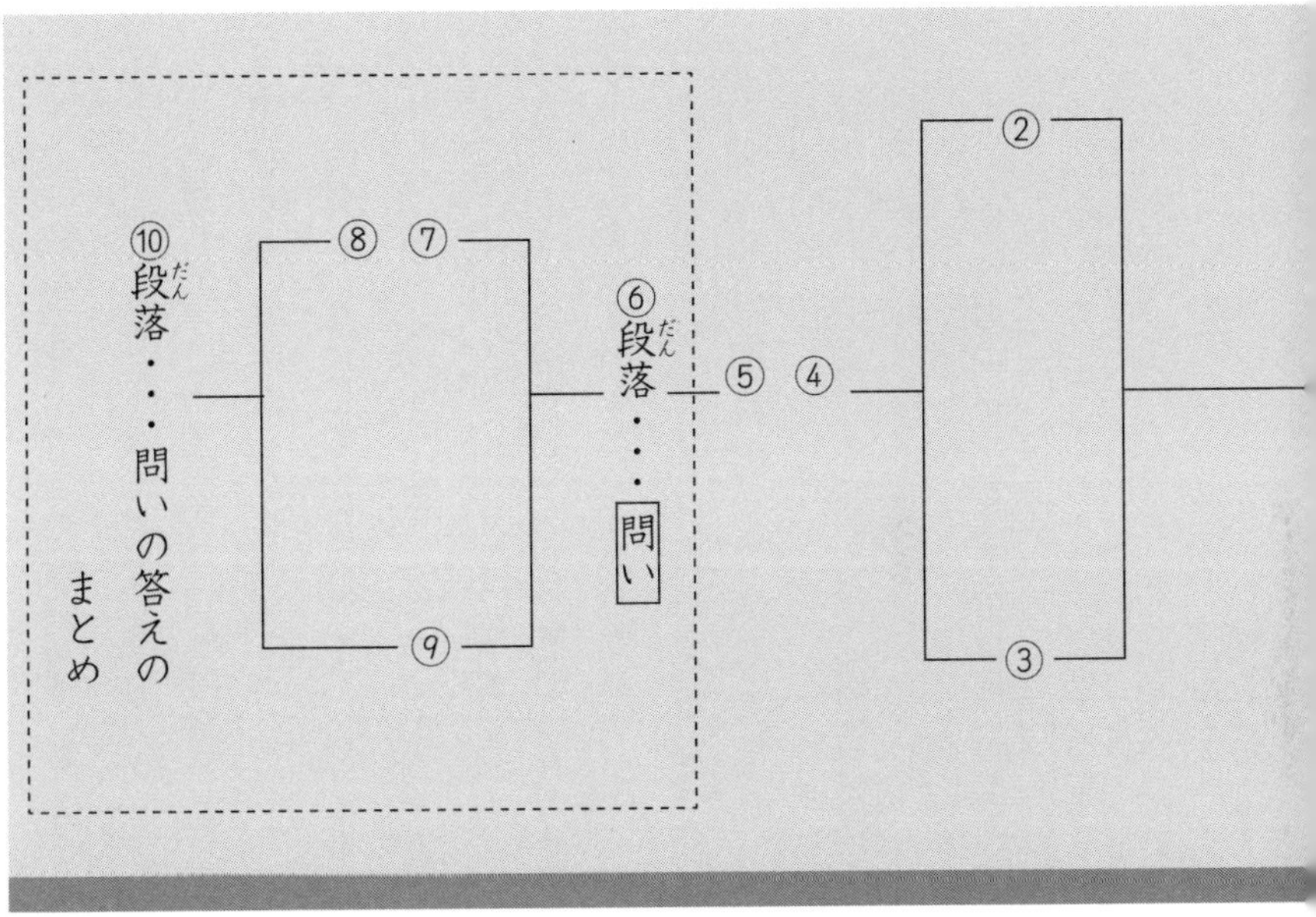

段落の問いの答えをまとめている段落だからです。

C：私は、①段落の円柱形だと思います。わざわざ「　」に入れて書いているからです。筆者が強調したいのだと思います。

C：私も①段落の円柱形を選びました。なぜなら、題名と同じ「生き物は円柱形だ」と書いているからです。ここが筆者が主張したい一番の段落だと思います。

C：私は、⑥段落の円柱形を選びました。わけは、⑥段落が問いの段落だからです。説明文の問いは、筆者が伝えたいことを問いにしている段落なので、⑥段落のことを筆者が伝えたいのだと考えました。

T：⑥段落から⑩段落までのつながりが見えてきましたね。⑥段落が問いで、⑦⑧⑨段落で具体的に説明して、⑩段落で答えをまとめているのですね。

発問　なぜ、⑥段落になって、やっと問いが出てくるのだろうか？

今までに読んで学んできた説明文は、大きく「はじめ―なか―おわり」に分けることができました。そして、「問い」は、「はじめ」に書かれている場合が多かったと思います。

それに対して、この説明文は、⑥段落目になって、やっと問いが登場します。これには、何か筆者の意図があるに違いありません。

子どもは、今までに学んだことや、自分で身につけてきていることと違うことに出会うと、違和感をもち、そこに「ズレ」を感じます。自分と仲間との考えが違う場合もそうです。その「ズレ」こそが、学びの出発点です。どうしてそのようになっているのかを突き止めたいと考えます。国語科の授業でも、子どもに違和感やズレを感じさせるような仕掛けが必要です。この文章には、そのような仕掛けが仕込まれているということです。

生き物は円柱形

本川《もとかわ》　達雄《たつお》

①筆者の主張《ちょう》「生き物は円柱形だ」

▼筆者の意図をとらえる

T：この説明文は、なぜ⑥段落になってやっと問いが出てくるのでしょうか？　今までに学んできた説明文だと、問いはもっと早くに出てきますよね。

C：筆者が、まずは「生き物は円柱形」だと伝えたかったのだと思います。

C：生き物は円柱形だと、読む人に分かってもらって

②人の例
③人以外の動植物の例

④反例
⑤反例に対する反論

←

⑥問い
「生き物は円柱形だ」という前提《てい》を読者に納《なっ》得してもらってはじめて出せる
「円柱形だとどんないいことがあるのか」

からでないと、この問いに進めないからだと思います。

T：今の○○さんの言いたことが分かった人はいますか？　どういうことでしょうか。

C：読者に、まず「生き物は円柱形だよね」ということを納得してもらって、その上で、「では円柱形だとどんないいことがあるのか」という問いに進むから、⑥段落にならないと問いを出せないのだということです。

C：「生き物は円柱形だ」ということが、問いの前提になっているのだと思います。

C：だから、筆者は②、③段落でいろいろな例を出しているし、④段落のような例外まで筆者からわざわざ出して、⑤段落でそれに対しての反論をしているのだと思います。

第三段階のフレームリーディング

発問 「円柱形」が一度も出てこない⑪段落はいらない？

第二段階のフレームリーディングまで、ずっと「円柱形」に着目して読み進めてきました。そして、筆者の主張したい段落が①段落で、読者に納得してもらうために、例の段落（②③）や、反例―反論の段落（④⑤）をつなげていること、その上で⑥段落で問いを出して、円柱形のよさを説明していることが分かりました。

そうなると、円柱形という言葉が一度も出てこない⑪段落は、おまけの、いらない段落なのでしょうか？　⑪段落に出てくる言葉に着目しながら、あらためてこの段落の意味をとらえます。すると、筆者の本当の主張が見えてきます。

生き物は円柱形　本川《もとかわ》　達雄《たつお》

⑪段《だん》落は必要か？

①段《だん》落
生き物は多様・・・

▼筆者の主張をとらえ直す

T：⑥段落や⑩段落などの意味が分かってきましたね。筆者は、生き物は円柱形だということを読者に分かってもらった上で、円柱形のよさを説明しています。そうなると、円柱形という言葉が一度も出てこない⑪段落はおまけの段落だから、必要ありませんね。

よく見ると共通性がある
形の上での共通性が「円柱形」
★円柱形は、一つの例

双括型

② ③ ④ ⑤ ⑥ ⑦ ⑧ ⑨ ⑩

⑪段落
多様さを知ることはおもしろい
多様なものの中から共通性を見いだし
・・・実におもしろい

C：ちょっと待って、先生。
C：⑪段落は必要です。
T：どうして？　証拠は？
C：円柱形という言葉はなくても、「多様」という言葉が繰り返し出てきます。あと、「共通性」も。
C：生き物は多様で、その中の共通性を見つけることが大切だと筆者は言いたいのだと思います。「円柱形」は、その例です。
T：円柱形だというのは、多様な中の共通性の一つの例にしかすぎないということ？　本当に？
C：多様な中の共通性というは、①段落にも出てきます。
C：筆者は、円柱形よりも、「多様な中の共通性」が言いたいのだと思います。
C：この文章は、「双括型」で、①と⑪段落が筆者の主張の段落です。

和の文化を受けつぐ—和菓子をさぐる—

この説明文でとらえたいフレーム

論の構成から筆者の主張をとらえる

この文章は、尾括型の典型といえるものですが、事例の取り上げ方に気をつけて読まないと、文章の構成を読み誤ることも考えられます。具体的な事例が三つ取り上げられているようですが、問いは二つしかありません。意味段落がどのようにつながっているのかを正確に読む必要があります。

また、前述した『生き物は円柱形』と同じように、和菓子は一つの事例に過ぎず、筆者の主張はもっと広い日本の文化について論じています。こうした文章の構成をつかんだ上で、子ども達に自分の考えをもたせたり、他の文化について調べさせてみたりという活動につなげることが大切です。

第一段階のフレームリーディング

発問　**一番大事な段落はどれ？**

高学年の子どもならば、文章を丸ごと読んで、この説明文が尾括型になっていることは見抜けなければなりません。その上で、一番大事な段落はどれかを自分の判断で選べることが大切です。第一段階のフレームリーディングで、最後の二つの段落について、子ども同士で議論するところから読みの学習が始まります。

和の文化を受けつぐ
―和菓子《わがし》をさぐる―
中山《なかやま》 圭子《けいこ》

一番大事な段落《だん》はどれ？

この文章は、尾括型

だから、前より後ろが大事

⑯段落《だん》　「このように」
　　和菓子のまとめ

⑰段落《だん》　「和菓子に限らず」
　　「わたしたちもまた」
　　和菓子は一例

文章の型をとらえる

T：この文章で一番大事な段落はどれですか。一つ選んでください。

C：私は、⑯段落だと思います。「このように」から始まって、和菓子について、筆者が主張を書いているからです。

C：私は、⑰段落を選びました。筆者の言いたいことは、和菓子だけではなく、日本の文化についてだと思ったからです。

C：私も、○○さんの考えに賛成です。「和菓子に限らず」というところが大切だと思います。

C：⑰段落に賛成です。最後の「わたしたちもまた」の「わたしたち」は筆者だけでなく、読者や日本人全体を表していると思います。

第二段階のフレームリーディング

発問　筆者は自分の伝えたいことをいくつの事例で書いている？

前述したとおり、この文章は三つの本論からできていますが、問いは二つしかありません。ということは、一つの問いに対しては、二つの本論を使って説明していることになります。つなぎ言葉に着目しながら、本論の展開を丁寧に読み取っていく必要があります。

また、この文章の構成を板書しながら視覚化することで、説明文全体を構造化してとらえることができるようになります。

和の文化を受けつぐ
―和菓子《わがし》をさぐる―
中山《なかやま》　圭子《けいこ》

事例はいくつ？

筆者の主張《ちょう》　⑯段《だん》落
⑰段《だん》落

ここまでに、何種類の事例がしょうかいされている？

事例のつながり方をとらえる

T：筆者が主張したいことは、文章全体の後ろの方に書かれていることを確認しましたね。では、筆者が自分の言いたいことを主張するために、何種類の事例を取り上げて書いていますか。

C：三種類です。

C：私も三種類だと思いました。和菓子の歴史と、文化との関わりと、支える人です。

T：確かめていきましょう。和菓子の歴史の話は、段

②問い　「和菓子の形の確立」

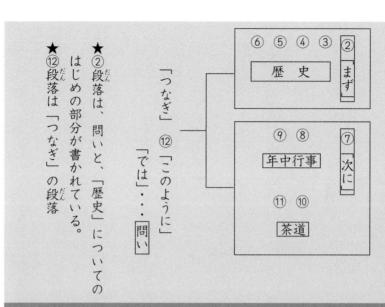

②「まず」　③　④　⑤　⑥　歴史

⑦「次に」　⑧　⑨　年中行事　⑩　⑪　茶道

「つなぎ」　⑫「このように」「では」・・・問い

★②段落《だん》は、問いと、「歴史」についてのはじめの部分が書かれている。

★⑫段落《だん》は「つなぎ」の段落《だん》

落で言うとどこからどこまでですか。

C：③段落から⑥段落までです。

T：文化との関わりは？

C：⑦段落から⑪段落までです。

C：私は⑫段落も入っていると思います。「このように」で今までの論をまとめています。

C：⑫段落は、次の問いも書かれているので入れませんでした。

T：このように、前の段落を受けて、さらに次の論を展開するための問いを出しているような段落を、「つなぎの段落」と言います。

C：私は　二種類だと読みました。

T：○○さんが、二種類と読んだ気持ちが分かりますか？

C：はい。この文章には問いが二つしかなくて、一つ目の②段落には、「まず」と書かれていて、⑦段落には「次に」と書かれているので、これらは同じ問いに対する答えだと思います。

発問 文章全体の構成を図で表すとどうなる?

第二段階のフレームリーディングの一つ目の発問で、事例の数を確かめました。問いが二つあるので、その問いに対する事例も大きく二つあることが分かりました。さらに、そのうちの「和菓子の形の確立」については、歴史と、他の文化との関わりという二つの論が展開されていることも分かりました。

ここでは、つなぎの段落を丁寧に読みながら、説明文全体の構成図をつくっていきます。

和の文化を受けつぐ
―和菓子《わがし》をさぐる―
中山《なかやま》 圭子《けいこ》

文章構成図をつくろう
①話題提示《ていじ》・定義《ぎ》(和菓子とは)
②問い 「和菓子の形の確立」

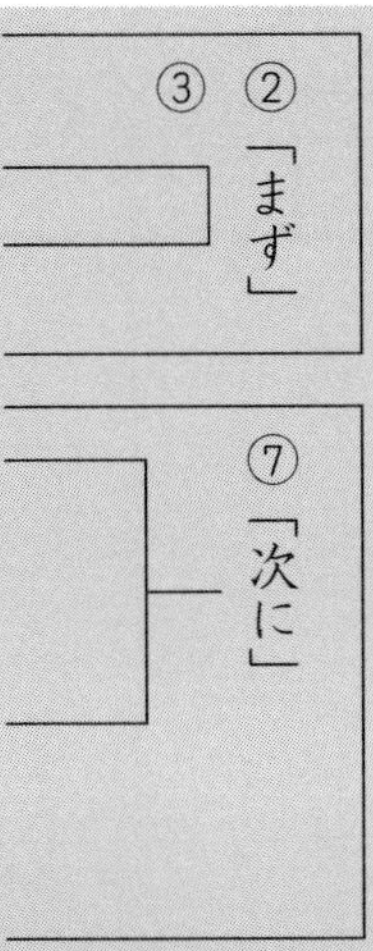

文章構成をとらえる

T:前の時間に、事例が大きく二つ書かれていることを確かめました。このことを活かして、文章構成図を書いてみましょう。

C:まず、一段落目は、和菓子についての話題提示がされています。これから和菓子について話しますよと言うことが分かります。

C:付けたしで、①段落には、「和菓子とは何か」という定義づけもされています。

C:②段落の「和菓子の形の確立」については、まず歴史について書かれています。

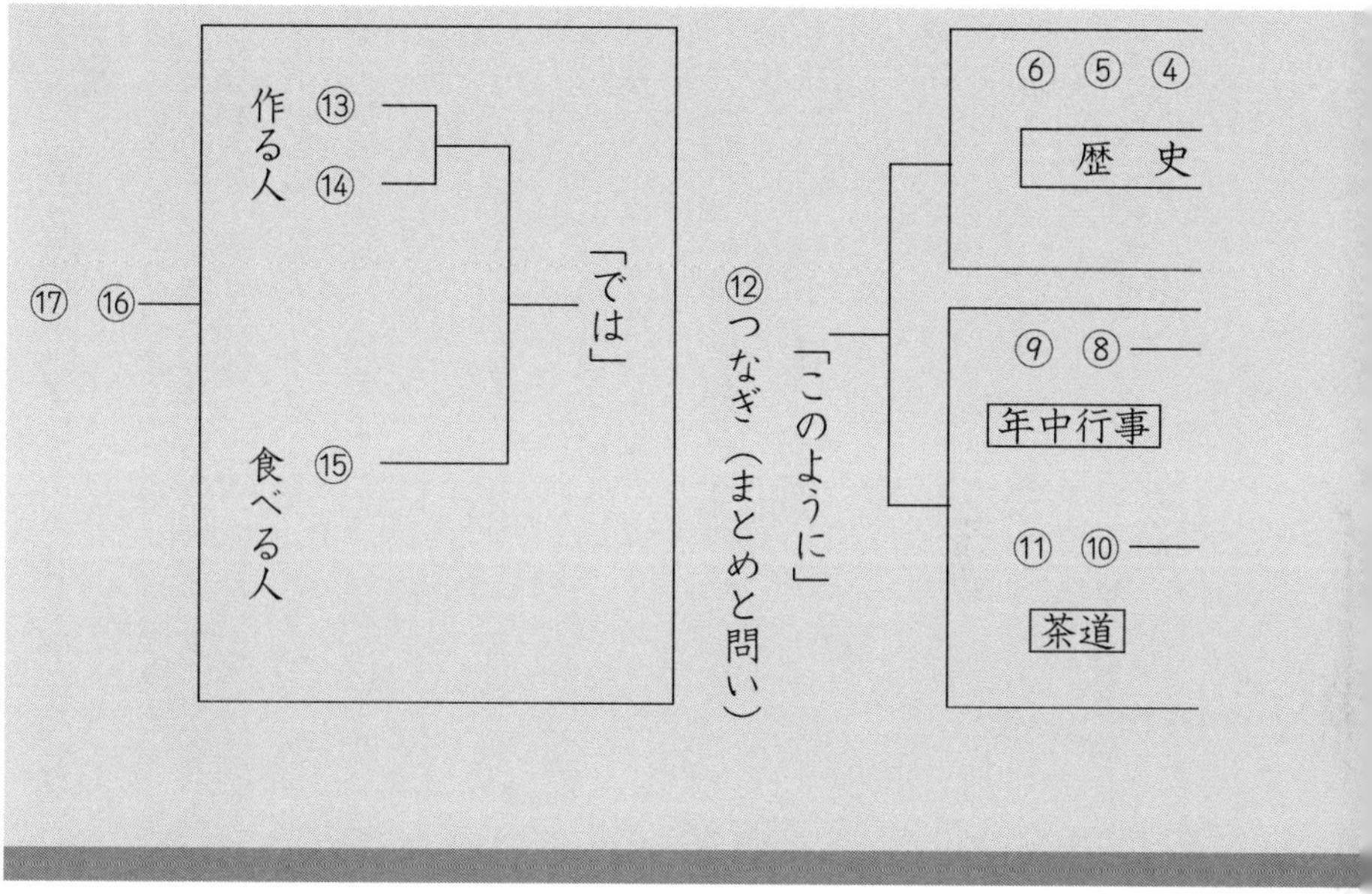

C：歴史と、他の文化との関わりは、入れ替え可能なので横並びにしました。

C：さらに、他の文化との関わりは、年中行事と茶道が入れ替え可能なので、横並びにしました。

T：事例を入れ替えてもよいものは、段落構成図にするときは横に並べるという原則がありましたね。

C：⑫段落は「このように」で和菓子の形の確立をまとめて、「では」から次の問いを出しています。

C：和菓子を支える人も、「作る職人」と「食べる人」の二種類に分けました。そして、「作る職人」は和菓子を作る人と、道具や材料を作る人を入れ替え可能として横に並べました。

第三段階のフレームリーディング

発問 ⑰段落が全体のまとめになっている証拠は？

第一段階のフレームリーディングで、文章全体が尾括型であることを確かめました。そして、⑯段落が和菓子についてのまとめで、⑰段落が和菓子を含めた日本の文化全体のまとめであることを確認しました。

ここでは、もう一度⑯と⑰段落に目を向け、本論とのつながりをより深くとらえ直します。そして、説明文はすべてがつながっていることを実感します。文章の読みは、文章のつながりが見えたときに、「分かった！」となります。

和の文化を受けつぐ
―和菓子《わがし》をさぐる―
中山《なかやま》 圭子《けいこ》

②～⑥「歴史」
⑦～⑪「文化」
⑯
本論1
長い時を経て時代の文化に育まれ

文章のつながりをとらえる

T：説明文全体を文章構成図にまとめました。⑯段落と⑰段落のつながりを確かめましょう。⑯段落が、和菓子についてのまとめであるという証拠は、どこにありますか。

C：和菓子の世界のまとめとして、「長い時を経て」というところが、②段落から⑥段落までの和菓子の歴史とつながっています。

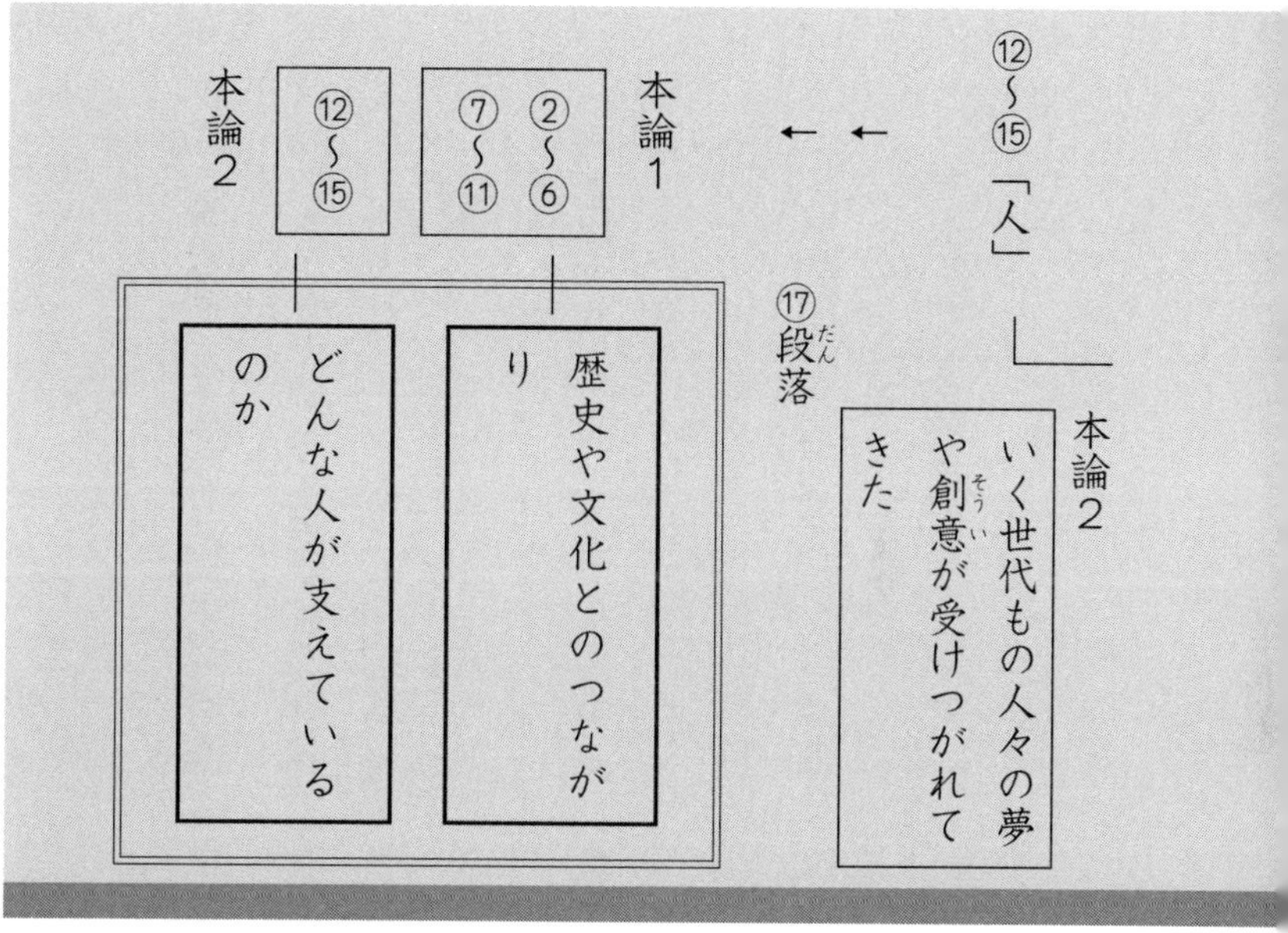

C：「時代の文化に育まれ」という表現が、⑦段落から⑪段落とつながっています。

C：「いく世代もの人々の夢や創意が受けつがれてきた」は、⑫段落から⑮段落までの「支える人々」とつながります。

T：⑰段落は、どことどのようにつながるのでしょうか。

C：和菓子以外にも、「歴史や文化とのつながり」は、一つ目の問いと本論１の「形の確立」につながります。

C：「どんな人がそれを支えているのか」は、問いの二つ目と、本論２の「支える人」につながっています。

T：和菓子を例に述べてきた論の展開が、そのまま和菓子以外の文化のことについてもつながるように書かれているのですね。

『鳥獣戯画』を読む

この説明文でとらえたいフレーム

筆者像と書きぶりのつながりをとらえる

アニメーション映画監督の筆者が、『鳥獣戯画』にどのような価値を見いだしているかが論じられています。この文章は尾括型で、最後の段落に筆者の思いが込められているのが分かります。この段落に、他の段落がどのようにつながっていくのか、そのつながりをとらえることが大切です。そして、学習のまとめとして、このような文章を書いた筆者がどのような人物なのか、筆者を想定する学習をします。

これからの時代を生きる子ども達には、情報の内容をとらえるだけではなく、その情報の発信者はどのような人なのか、具体的には、どのような立場の人か、どのようなものの見方、考え方、感じ方をする人なのか、ひいてはどのような思想の持ち主なのか、といったことについて考えようとする姿勢を育てたいものです。このことが、身の回りにあふれている情報を鵜呑みにしない人を育てることにつながります。

一年生 二年生 三年生 四年生 五年生 六年生

第一段階のフレームリーディング

発問　一番大事な段落はどれ？

『鳥獣《ちょうじゅう》戯《ぎ》画《が》』を読む

高畑《たかはた》　勲《いさお》

①『鳥獣戯画』の
～　具体的な説明
⑧

⑨　筆者の主張
　まとめ

『鳥獣戯画は』、だから、

国宝であるだけでなく、人類の宝だ

文章の中心をとらえる

T：この文章で一番大事な段落はどれですか。

C：最後の⑨段落です。

C：私も⑨段落だと思います。理由は、『鳥獣戯画』は、国宝であるだけでなく、人類の宝だという、筆者の主張が書かれているからです。

C：私も、⑨段落が一番大事な段落だと思います。わけは、①段落から⑧段落は、『鳥獣戯画』の絵の具体的な説明の段落になっていて、最後の⑨段落が全体のまとめになっていることが分かるからです。

C：この説明文は尾括型で、最後にまとめが書かれています。

T：「このように」などの、まとめの目印となるつなぎ言葉が書かれていないのに、どうして⑨段落がまとめだと分かるのかな？　次の時間に詳しく読んでいきましょう。

第二段階のフレームリーディング

発問　『鳥獣戯画』が、人類の宝であると主張する筆者の根拠はいくつ？

⑨段落の中に、「だから」と書かれており、『鳥獣戯画』が国宝であるだけでなく、人類の宝であるという根拠が、この段落の中に示されています。その根拠を見つけ出し、さらに、その根拠となっているところが、①段落から⑧段落までのどの段落とつながっているのかをとらえるのが、この説明文のフレームリーディングです。大事なところだけを見つけるのではなく、「つながり」をとらえるのです。この「つながり」が見えて初めてその文章が「分かった」ことになります。

『鳥獣戯画《ちょうじゅうぎが》』を読む

高畠《たかはた》　勲《いさお》

①～③　漫《まん》画の祖

T：⑨段落に筆者の主張が書かれていることを前の時間に確かめました。筆者は、「『鳥獣戯画』は、国宝であるだけでなく、人類の宝だ」と主張していますね。その前に「だから」というつなぎ言葉があります。筆者が「人類の宝だ」と主張する根拠は、⑨段落の中に、いくつ書かれていますか。

C：三つ書かれています。

④〜⑥
アニメの祖

→

⑨ まとめ・筆者の主張

○漫《まん》画やアニメのような絵巻物
○のびのび・自由闊《かっ》達（世界にもない）
○八百五十年もの間、祖先が守ってきた

→

『鳥獣戯画は』、だから、

国宝であるだけでなく、人類の宝だ

C：一つ目は、「漫画やアニメのような、こんなに楽しく、とびきりモダンな絵巻物が生み出された」ことがすてきで驚くべきことだと書いています。
C：二つ目は、「しかも」の後で、自然でのびのびしていることが書かれています。
C：「世界を見渡しても、これほど自由闊達なものはどこにも見つかっていない」とも書かれています。
T：この二つのことは、同じ仲間として数えていいですか。
C：はい。
C：あとは、「描かれてから八百五十年、祖先達が大切に保存し、私たちに伝えてくれた」ことを書いています。
T：この三つの根拠が、その前の本文とちゃんとつながりますか？
C：漫画とアニメの話は、つながっていると思います。漫画は、①〜③段落に書かれていることとつながります。

発問　⑨段落の言葉とつながる段落はどこ?

一つ目の発問の続きの内容です。⑨段落で示されている筆者の主張の根拠が、その前のどの段落とつながっているかを確かめます。

この文章は、最後のまとめの段落から前にさかのぼって読んでいくと、そのつながりがよく見えます。最後の段落で主張するために、具体的にどの段落でどのように説明しているかをつなげて読んでいくのです。前時では、「漫画」と「アニメ」がそれぞれ、前の段落とつながりました。それを受けて、他の段落が、⑨段落とどのようにつながっているかを確かめていきます。

また、前回とは板書の見せ方を変えています。段落相互のつながりが、構造的に見えるように工夫して書くこと、そして、文章のつながりを多面的に見ることができるように、板書のレイアウトも固定的にしないことが大切です。

『鳥獣戯画《ちょうじゅうぎが》』を読む　高畑《たかはた》 勲《いさお》

⑨
筆者の主張

①〜③

T:⑨段落の言葉とつながる段落を見つけましょう。

C:⑨段落の「漫画のような」は、①から③段落の「漫画の祖」につながります。

C:「アニメのような」は、④から⑥段落の「アニメの祖でもある」につながります。

C:「とびきりモダンな絵巻物」は、⑦段落の「絵巻の絵」につながります。

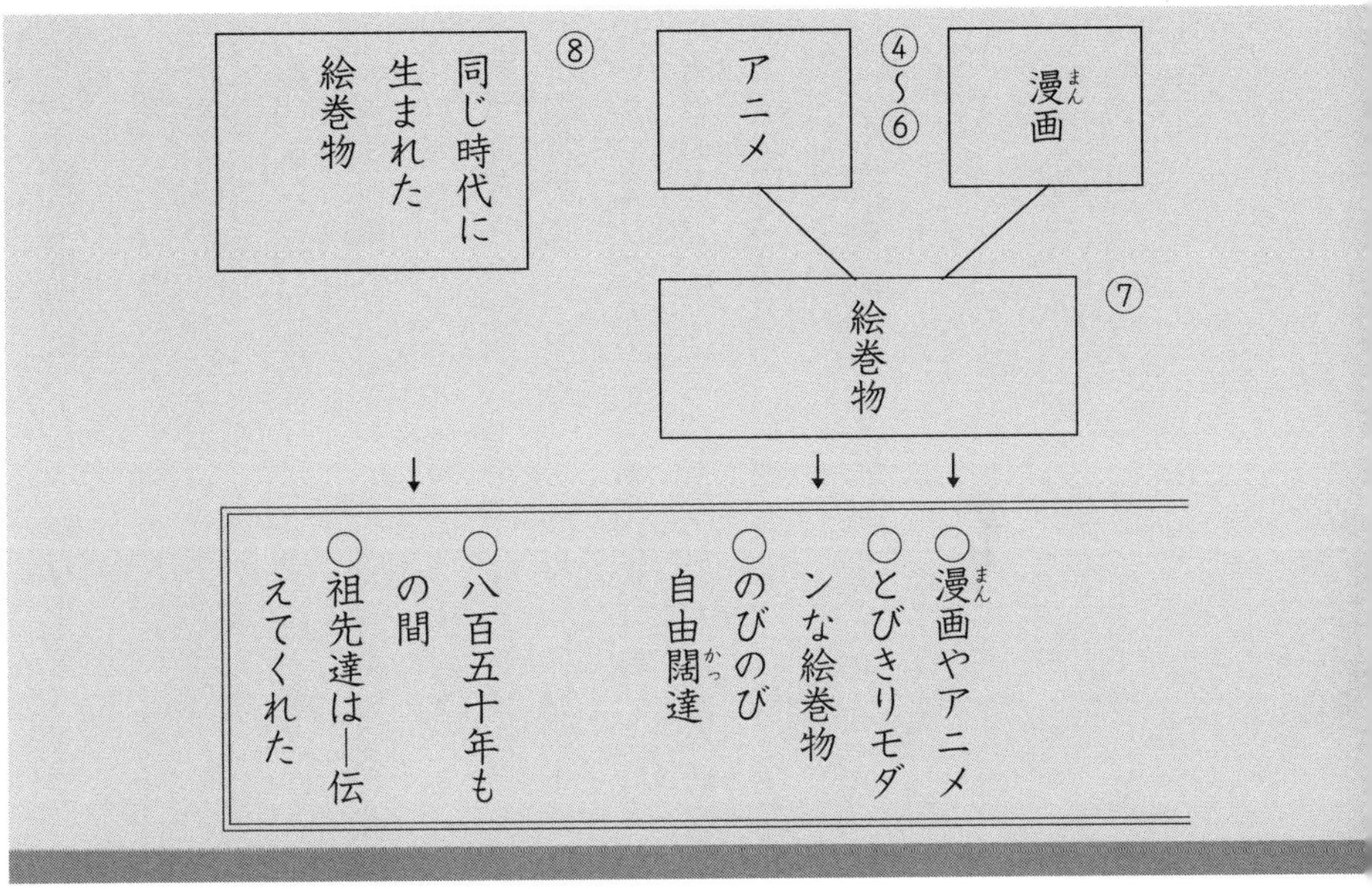

C：「自然でのびのび」とか「自由闊達」は、②段落の「のびのびと見事な筆運び」とか③段落の「どこか、おかしくて、おもしろい」につながります。

C：⑧段落の「長い物語を実に生き生きと語っている」も「のびのび」につながると思います。

C：⑧段落の「今から八百五十年ほど前」という言葉が、⑨段落につながります。

C：「とぎれることなく続いているのは」のところが、⑨段落の「祖先たちは、伝えてくれた」につながると思います。

T：『鳥獣戯画』の作品の説明が、すべて⑨段落とつながっていることが分かりますね。だから、⑨段落が全体のまとめだと言えるのですね。

第三段階のフレームリーディング

発問 高畠勲さんは、どのような人？

説明文の内容や書きぶりをもとに、筆者がどのような人かを想定する学習です。この学習の意味については、前述しました。筆者を想定する学習は、情報の発信者について考えることのできる子どもを育てます。身の回りにある情報を鵜呑みにせず、立ち止まってその発信者について注意を払うことのできる子どもを育てる必要があります。

この説明文で、筆者についての手がかりは、書かれた文章と、文章の最後につけられている筆者についての補注のみです。高畑勲さんのことはインターネットなどでも調べることはできますが、まずは文章の書きぶりから、どのような人かを考えさせることが大切です。情報の発信者がいつも特定できるとは限りません。文章を手がかりにする筆者想定の方法を学んでおくことが必要です。

『鳥獣《ちょうじゅう》戯《ぎ》画《が》』を読む　高畠《たかはた》　勲《いさお》

高畑勲さんって、どんな人？

▼筆者を想定する

T：最後の段落で、「『鳥獣戯画』は国宝であるだけでなく、人類の宝なのだ」とまで言い切る高畑勲さんというのは、どのような人だと思いますか。

C：日本の文化とか、日本でつくられたものに自信をもっている人だと思います。でなければ、そこま

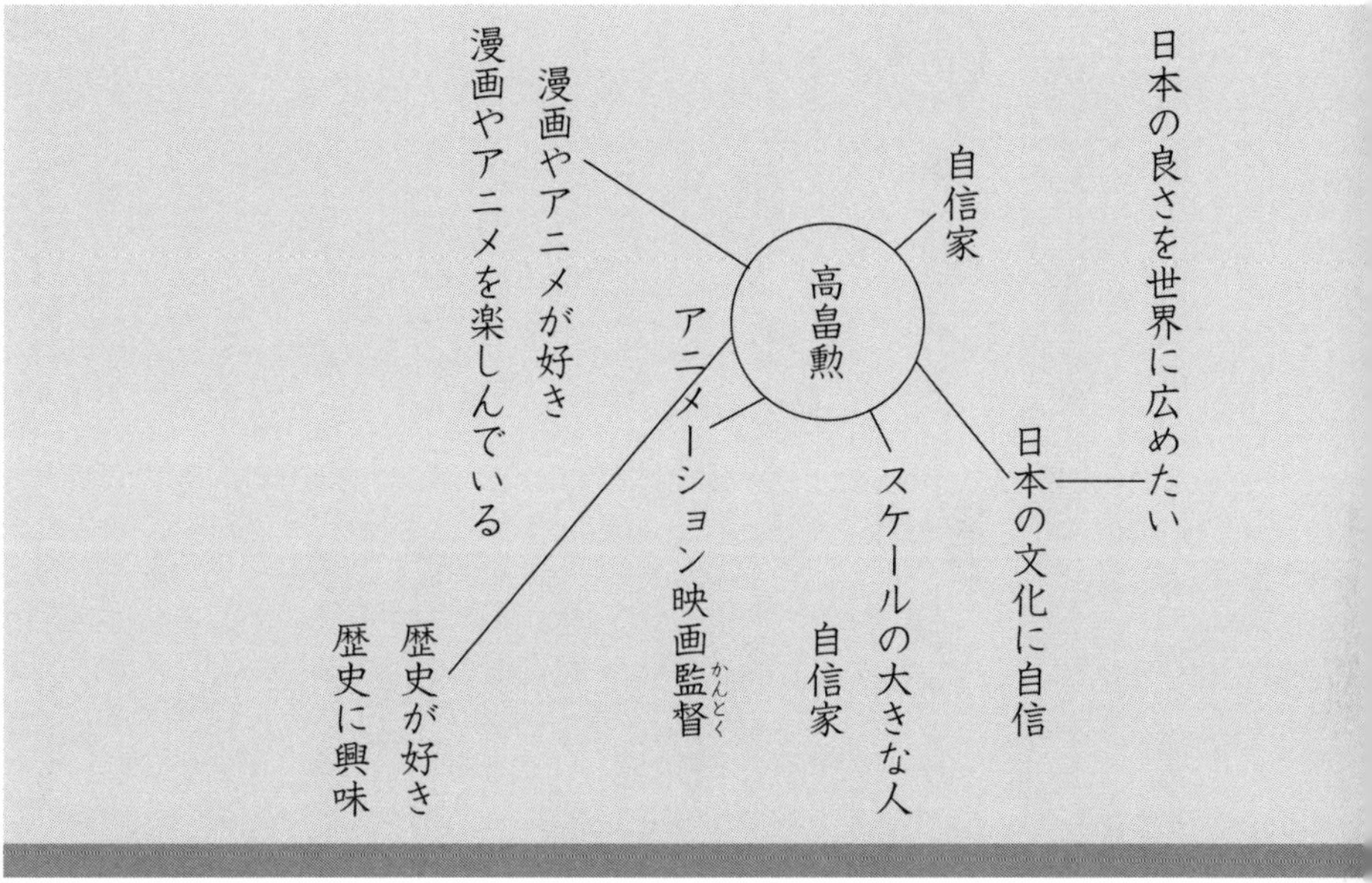

で強気で「人類の宝」とは言えないと思います。

C：私も、自信家だと思いました。

C：私は、日本が好きで、日本の良さを世界に広めたいと思っているような、スケールの大きな人ではないかと思います。

C：アニメーション映画監督と書いてあるので、日本のアニメーションも広めたいけど、アニメが素晴らしいのは、このような歴史があるからだよ、という歴史も伝えたいのだと思います。

C：日本人は、昔から漫画やアニメのようなものを描いて、楽しんできているのだということを伝えたいのだと思います。

C：作者の高畠さんも漫画やアニメが好きなんだと思います。

C：それから歴史も好きで、歴史について興味がある人だと思いました。

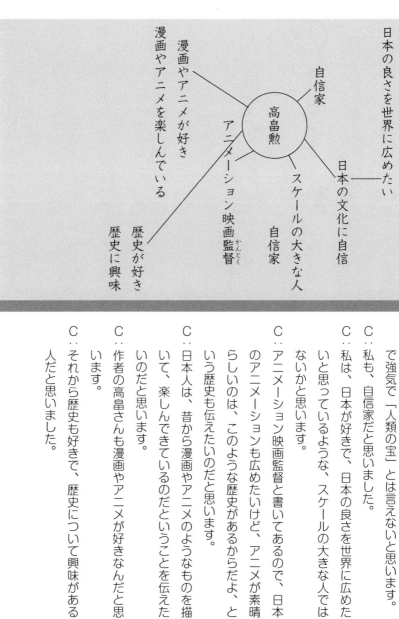

自然に学ぶ暮らし

この説明文でとらえたいフレーム

キーワードを具体化することで筆者の主張をとらえる

双括型で読みやすい説明文です。ただし、いくつかのキーワードをつなげて考えないと、何となく読み過ごしてしまう心配もあります。「資源を守る」ことと「新しい暮らし方」と「自然から学ぶ」ことは、どのようにつながっているのか。そして「自然から学ぶ」ということは具体的にどのようなことなのかを、文章の内容と関連させて正確に読み取ることが必要です。そこから筆者の主張が見えてくるのです。その上で、筆者に対して自分はどのように考えるのか、納得がいくかいかないか、賛成できるかできないか、という読者としての考えをもつことが大切です。

第一段階のフレームリーディング

発問　**事例として生き物はいくつ出てくる?**

この説明文には、学ぶべきいくつかの生き物が紹介されています。その生き物の数を数えることで、文章の大まかな流れをとらえる学習を行います。

自然に学ぶ暮らし

石田《いしだ》　秀輝《ひでき》

資源・・・石油・石炭・天然ガスなど
エネルギー・・・電気など
（資源を使ってつくり出される）

事例としてしょうかいされている生き物はいくつ？

④⑤⑥　シロアリ

⑦　アワフキムシの幼虫
ベタ

⑧　トンボ

事例の数をとらえる

T：「資源」と聞いて、思い浮かべるものは何でしょうか。

C：石油や石炭です。

C：水です。

T：そうですね。では、エネルギーとは何でしょうか。

C：資源を使ってつくり出される、ものを動かしたりするもとになるものです。

C：電気とか。

T：そうですね。資源からエネルギーはつくり出されます。その資源が少なくなっているというのは知っていますね。この説明文は、筆者の主張が、資源を大切にするためにどうしたらよいか、筆者の主張が書かれています。音読して、いくつかの生き物が紹介されていることが分かりましたね。いくつ紹介されていますか。

一年生
二年生
三年生
四年生
五年生
六年生

第二段階のフレームリーディング

発問　なぜシロアリだけ、三つも段落を使っている？

第一段階のフレームリーディングで、具体的な事例の数を数えました。事例の数を数えさせるための発問は意識的に使い分けています。例えば、「いくつ？」と「何種類？」とでは、教師の発問の意図が違います。はっきりと答えが一つになるものは「いくつ？」と尋ねます。子どもが読む視点によって数が変わると考えたときには「何種類？」と尋ねます。この場合は答えが一つに決まらないことが多くあります。複数の種類分けを考えさせることに、意味があると判断した場合です。

この説明文においては、まずは答えがはっきり決まる「生き物はいくつ？」という発問をしました。答えは四つです。それぞれどの段落に、どの生き物が紹介されているかを確かめるところまでが、第一段階のフレームリーディングです。

それを受けて、第二段階のフレームリーディングでは、内容を詳しく読み取っていきます。板書するとより分かるのですが、「シロアリ」の事例にだけ、筆者は三つも段落を費やして書いています。これは、読み手にとっては違和感のあるところです。その違和感を、クラスの本時のめあてにします。すると、文章の構成が見えてきます。

自然に学ぶ暮らし　石田《いしだ》　秀輝《ひでき》

文章の構成をとらえる

T：生き物が四つ紹介されていることは分かりました

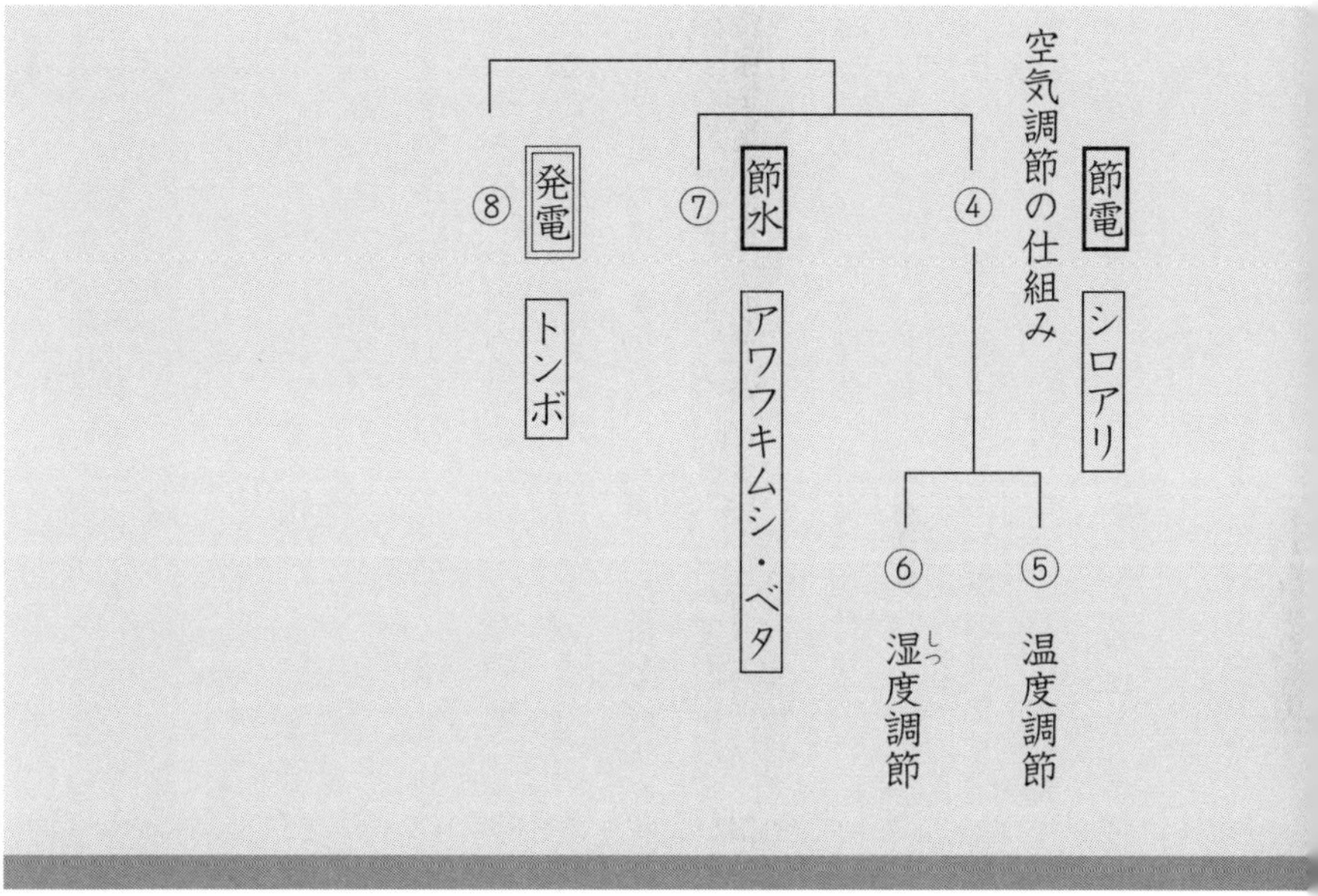

が、なぜシロアリだけ、段落を四つも使っているのでしょうか。

C：シロアリの段落には、空気調節の二つの仕組みが書かれているからです。

C：〇〇さんの言いたいことは、④段落で、シロアリの空気調節が紹介されていて、それには二つの仕組みがあって、それが⑤段落と⑥段落に書かれているので、段落が三つ必要だということです。

T：⑤段落と⑥段落には、何を調節することが書かれていますか。

C：⑤段落が温度調節で、⑥段落が湿度調節です。

T：そうやって空気調節できると、どんないいことがあるのでしょうか。

C：電気の節約になります。節電です。

T：では、⑦段落は何の話が書かれている？

C：節水です。

C：わかった。⑧段落は「発電」だ。

第三段階のフレームリーディング

発問 この文章は何型？

具体的な事例を数えると、説明文の「本論」が見えてきます。「本論」がどこからどこまでか分かると、残りは「序論」と「結論」ということになりますね。「本論」の前にある部分が「序論」、後ろにあるのが「結論」です。

文章全体のフレームのとらえ方には、二通りあります。一つは、その文章が何型かをまず考えること。つまり、大事なところは、文章の前に書かれているのか、後ろに書かれているのか、両方に書かれているのかを考えながら読むという方法です。もう一つは、具体的な事例がいくつ書かれているかをまずとらえ、その後に残された部分は何が書かれているのかを考えながら読むという方法です。説明文は、必ずしも三つに区切られて書かれているわけではありません。大きく二つとか、四つに区切られる場合もあります。いくつに区切られていても、筆者の言いたいことはどこかにまとめて書かれているので、その主張の部分を先に見つけるか、具体的な事例の後に残された部分として見つけるかということになります。

ここでは、第二段階で具体的な事例をまずとらえ、その後に筆者の主張の部分を見つけるという流れになっています。説明文のフレームリーディングは、何か一つに決まっているわけではありません。同じ説明文のフレームリーディングでも、多様なアプローチの仕方があることが前提です。

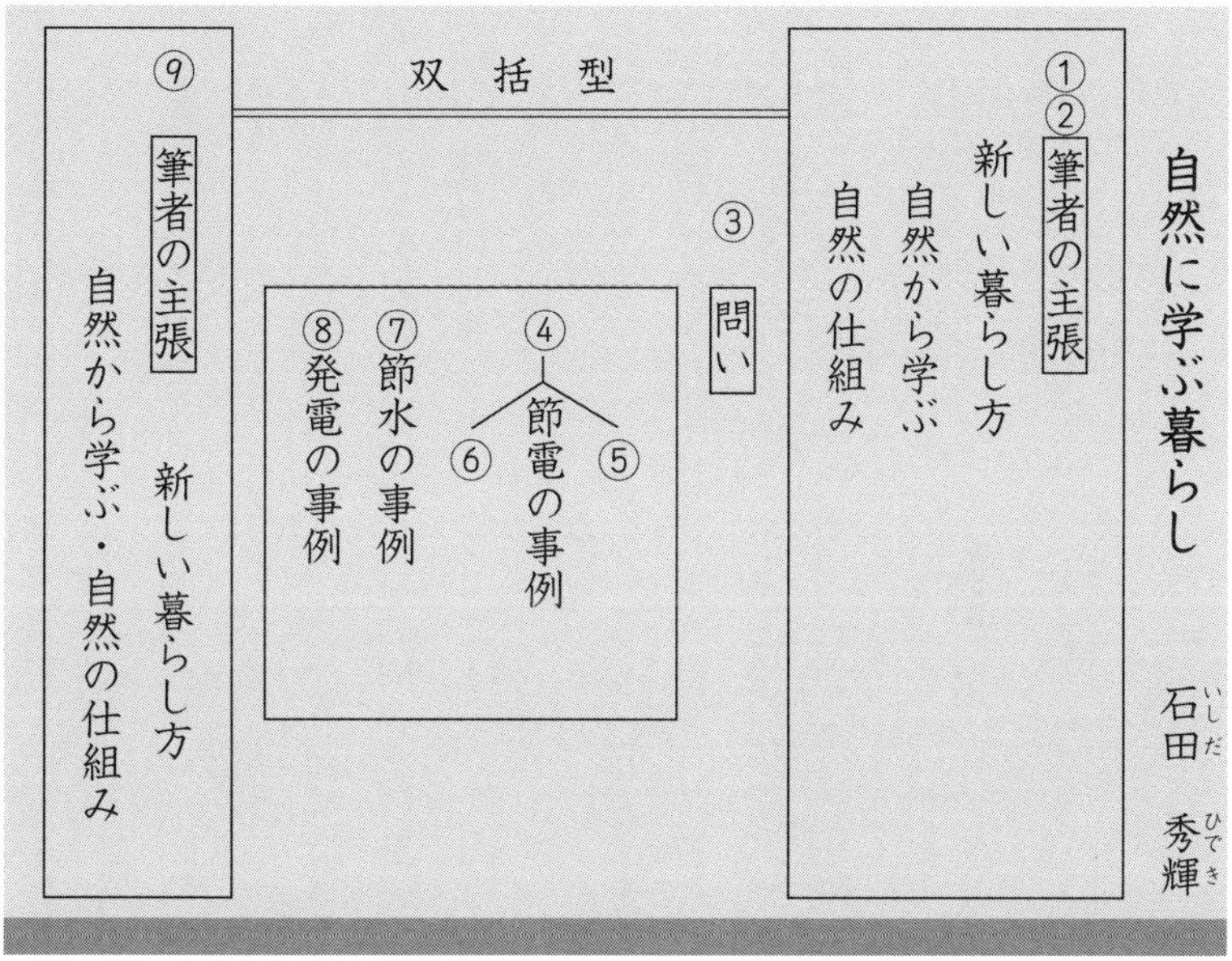

筆者の主張をとらえる

T：④段落から⑧段落までは、具体的な事例を通して、節電・節水・発電の三つが書かれていることが分かりました。では、残された段落について考えていきましょう。この文章は何型の説明文ですか。

C：尾括型です。最後の⑨段落に「このように」とあって、筆者が言いたいことをまとめていると思います。

C：でも、⑨段落に使われている言葉は、①②段落にも出てくるので、この説明文は双括型だと思います。

T：具体的にどの言葉ですか。

C：「新しい暮らし方」とか、「自然から学ぶ」とか、「自然の仕組み」という言葉です。

C：はじめに筆者の主張があって、③段落の問いでその後ろに具体的な事例を出して、最後にもう一度まとめています。

発問 **筆者の主張に賛成?・反対?**

高学年の説明文の読みの学習は、筆者の主張をとらえるだけでは不十分です。それに対して、読者としての自分はどのように考えるかという、筆者への批評をすることまで求めるようにします。筆者の言いたいことは分かったが、それに対して、自分は納得ができないとか、納得できる、あるいは、百パーセント賛成であるとか、あまり賛成できない、などという自分の考えを表明することが大切です。読者としての批評は、文章の内容そのものに対するものであってもかまいませんし、筆者の論の展開の仕方に対するものであってもいいでしょう。教師の方で、整理しながら受け取り、板書などで示すことが必要です。

ここでのフレームリーディングは、前述したように、筆者がはじめと終わりの主張の段落で使っている言葉のつながりを確認したうえで、読者としての反応を求める展開になっています。

自然に学ぶ暮らし　石田《いしだ》 秀輝《ひでき》

①② 筆者の主張
③ 問い
④～⑧ 三つの事例

筆者の主張に対する考えをもつ

T：筆者の言う、「新しい暮らし方」とは、どのような暮らし方ですか。

C：電気もガスも使わずに生きている、人間以外の生き物に学ぶ暮らし方です。

C：シロアリとかトンボなどの生き物がやっていることを、人間の暮らしに応用していく暮らし方です。

⑨ **筆者の主張**

新しい暮らし方とは？
自然から学ぶ暮らし
↓
自然の仕組みを生かした暮らし方

これからのわたしたちに求められる
社会のえがき方
いつまでも暮らしていける社会

この筆者の主張に納得がいくかいかないか？

（納《なっ》得）
・今までの暮らしはもうできない（資源がない）

（納《なっ》得できない）
・人間の暮らしが不便になる
・なぜ日本に限定？

C：それが「自然から学ぶ暮らし」だと思います。

T：筆者のそのような主張に、みなさんは百パーセント納得していますか。ノートに考えを書いてから発表してください。

C：私は、百パーセントは納得していません。理由は、資源を使わない暮らしはとても不便なものになるので、人間が困ると思います。

C：私は、筆者の最後のまとめの段落が納得できません。具体的な事例はアフリカやオーストラリアのシロアリなどを出しているのに、なぜ最後に「そんな日本に生きる私たちだからこそ」というように、日本の話にしたのかが分かりません。日本だけの問題ではないはずなのに。

おわりに

これからの時代を生き抜くためには、汎用性のある思考力・判断力を育み、その上で自分の考えを表現できる力を身につけていく必要があります。国語科における「読むこと」の授業は、思考力・判断力をより高めるために重要な学びの場となります。そこでは、目の前の情報を受け止め、自らの考えをつくり、深化させることのできるような授業を展開しなければなりません。

人が考えをつくることとは、人それぞれが自分の「フレーム」をもつことだと考えます。ですから、より多面的で、より柔軟性のあるフレームをもっている方が、応用の利く汎用性ある力をもっていることにつながります。一つの情報を目の前にしたとき、その情報をさまざまな角度から多面的にとらえることのできる力を育てたいのです。このことは、単に説明文を読む力をつけることにとどまるものではありません。人の生き方そのものに関わることだと考えています。人は、困難な場面に立ったとき、それをどのように回避し、局面を打開しようかと考えます。考えの道筋が少なければ少ないほど、その人の選択肢が狭まります。より多くの、柔軟な考え方ができれば、より的確な手段・方法を選択して新しい方向に舵を取ることができるでしょう。そのための、さまざまな思考の枠組みをもたせたいというのが、「フレームリーディング」の発想の原点です。

まずは基本的なフレームをしっかりと身につけさせます。その上で、新たな情報に出会ったときに、自分のフレームを更新し、バージョンアップしていくのです。これが考えの形成・深化につながります。新しい情報を、それまでもっていたフレームと統合し、新たなフレームとして構造化していく、あるいは、今までの構造を新しい枠組みに転換していくことを、授業の中で具体的に行うのがフレームリーディングです。ですから、授業で育まれるフレームは、固定的なものであってはいけません。多面的で柔軟性のある思考の枠組みを形成していくこと、その過程がフレームリーディングの授業過程です。

その意味で、フレームリーディングの授業そのものが、固定的ではいけません。教師の発想とアイデアによってさまざまなかたちにアレンジされ、新たなフレームリーディングの手法が生み出されてこそ、この考え方が活かされます。

説明文は、情報の発信者が自分の主張を読み手に伝えるためにさまざまな戦略を張り巡らせて、あるまとまったかたちになったものです。子ども達が、その情報をいかに受け止め、その情報について自分の考えをもつか。このプロセスは、生きる力を育む上でもとても重要なものであると考えており、そこにこそ、説明文を読むことの意味があると思っています。

未来に生きる子ども達のために、教師自身が柔軟で発展性のあるフレームをもって、楽しい授業を実践していきましょう。
最後に、本書の刊行にあたり、辛抱強く応援してくださった明治図書出版の林知里様に心より感謝します。

平成二十九年一月

筑波大学附属小学校　青木　伸生

【著者紹介】

青木　伸生（あおき　のぶお）

1965年千葉県生まれ。東京学芸大学卒業後，東京都の教員を経て現在筑波大学附属小学校教諭。

全国国語授業研究会会長，教育出版国語教科書編著者，日本国語教育学会常任理事，國學院栃木短期大学非常勤講師。

〈主な著書〉

『ゼロから学べる小学校国語科授業づくり』『基幹学力をはぐくむ「言語力」の授業』（明治図書），『プレミアム講座ライブ　青木伸生の国語授業のつくり方』，『「フレームリーディング」でつくる国語の授業』，『教科書　新教材15「フレームリーディング」でつくる国語の授業』（東洋館出版社），『図解で納得！道徳授業が深まる　国語教材活用の実践』（学事出版）他多数。

〔本文イラスト〕木村美穂

青木伸生の国語授業

フレームリーディングで説明文の授業づくり

2017年２月初版第１刷刊　©著　者　青　木　伸　生
2020年７月初版第４刷刊　発行者　藤　原　光　政
発行所　明治図書出版株式会社
http://www.meijitosho.co.jp
（企画）林　知里（校正）川﨑満里菜
〒114-0023　東京都北区滝野川7-46-1
振替00160-5-151318　電話03(5907)6703
ご注文窓口　電話03(5907)6668

＊検印省略　組版所　藤　原　印　刷　株　式　会　社

Printed in Japan　ISBN978-4-18-138318-3